围棋速成：
入门与提高

（入段篇）

邢印达 著

化学工业出版社

·北京·

图书在版编目（CIP）数据

围棋速成：入门与提高．入段篇／邢印达著．—北京：化学工业出版社，2017.7（2019.8重印）
ISBN 978-7-122-29792-1

Ⅰ.①围⋯　Ⅱ.①邢⋯　Ⅲ.①围棋-基本知识　Ⅳ.①G891.3

中国版本图书馆CIP数据核字（2017）第108895号

责任编辑：史　懿　　　　　　　　　　装帧设计：刘丽华

出版发行：化学工业出版社（北京市东城区青年湖南街13号　邮政编码100011）
印　　装：三河市延风印装有限公司
710mm×1000mm　1/16　印张14　字数259千字　2019年8月北京第1版第3次印刷

购书咨询：010-64518888　　　　　　　售后服务：010-64518899
网　　址：http://www.cip.com.cn
凡购买本书，如有缺损质量问题，本社销售中心负责调换。

定　　价：39.00元　　　　　　　　　　　　　　　　　版权所有　违者必究

前言
FOREWORD

围棋历史悠久，是我国传统文化瑰宝之一，为广大人民群众所喜爱。

下围棋不但可以培养人们的思维能力，更可以增进人与人之间的友谊，是一项益智、健康、高尚的文体活动。近年来，随着我国棋手综合能力的迅速提升，多次在世界大赛中获得优异成绩，围棋热在我国再掀高潮，特别是网络围棋的兴起吸引了众多爱好者在茶余饭后"杀上一盘"。

本书在基础篇、提高篇基础上，着重讲解各类死活例题和手筋例题，并给出大量练习及详解，以增强读者对棋形、棋筋的敏锐度。详细讲解布局阶段定式和大场的选择，对全局选点进行价值评估。根据初学者的对局实例，从实际出发，详细剖析对局的得失。本书在难度上已达到业余初段以上水平，非常适合欲参加升段赛的爱好者阅读，也可用于普通爱好者自测棋力。

本书在写作过程中得到了吴秉铁、韩燕岭、徐家辉、陈亮、刘香茹、王颖晖、于威、李耿珏、齐欢、郭长岭、崔文雅、张铁良、王治国、韩文利、蔡衍等人的帮助和支持，在此深表感谢。

如果读者朋友们能够通过学习本书提高棋艺，感受到黑白世界的无穷魅力，我将感到莫大的欣慰！

邢印达
2017年4月

目录
CONTENTS

围棋入级、入段小知识 / 001

一、围棋段位 / 001

二、围棋段位赛及证书颁发 / 001

三、鉴定段位 / 003

四、自测棋力 / 003

第一章 精选死活题 / 005

一、以"做眼的要点"为主题的死活题 / 005

二、以"缩小眼位"为主题的死活题 / 008

三、以"点眼"为主题的死活题 / 010

四、以"破眼的要点"为主题的死活题 / 012

五、以"气紧的弱点"为主题的死活题 / 015

六、以"撞气"为主题的死活题 / 017

七、以"防守方弱点"为主题的死活题 / 019

八、以"猪嘴"为主题的死活题 / 020

九、以"利用攻方弱点"为主题的死活题 / 021

十、以"卡眼"为主题的死活题 / 022

十一、以"对称形"为主题的死活题 / 023

十二、以"扩大眼位"为主题的死活题 / 024

十三、以"断点的弱点"为主题的死活题 / 025

精选死活练习 / 026

习题解答 / 032

第二章 精选手筋题 / 045

一、以"吃子"为主题的手筋题 / 045

二、以"切断"为主题的手筋题 / 048

三、以"对杀"为主题的手筋题 / 052

四、以"补断"为主题的手筋题 / 055

五、以"夺取根据地"为主题的手筋题 / 057
六、以"空中出棋"为主题的手筋题 / 059
七、以"联络"为主题的手筋题 / 061
八、以"出头"为主题的手筋题 / 062
九、以"渡过"为主题的手筋题 / 062
十、以"防守"为主题的手筋题 / 063
十一、以"破空"为主题的手筋题 / 064
精选手筋练习 / 067
习题解答 / 074

第三章 高级定式 / 087

一、小目定式3组 / 087
  1. 小目一间高挂上靠定式 / 087
  2. 小目大飞挂定式 / 090
  3. 小目小飞挂一间低夹定式 / 095
二、目外定式1组 / 098
三、高目定式1组 / 103

第四章 边角的价值大小排序 / 107

一、边的初始排序 / 107
二、四边的价值排序 / 109
三、四角的价值排序 / 115
四、开口的价值排序 / 118
五、中央与边、角的综合排序 / 122

第五章 吴清源布局 / 125

一、吴清源黑棋布局第1局 / 125
二、吴清源白棋布局第1局 / 145

第六章 弃子战术 / 155

一、形形色色的弃子 / 155
  1. 自然弃子 / 155
  2. 暂时弃子 / 156
  3. 弃子获利 / 157
  4. 弃子封锁 / 158

5. 弃子取势 / 159
　　6. 弃子争先 / 160
二、弃子的利用 / 161
　　1. 利用弃子给对方留下更多余味 / 161
　　2. 利用弃子获得劫材 / 162
　　3. 利用弃子整形 / 163
三、弃子的效果 / 167
四、弃子与反弃子 / 168

第七章 塔防式围棋实战死活 / 171

一、区域均衡布防设计原则 / 171
　　1. 布防图设计的原则 / 171
　　2. 角部设防 / 172
　　3. 边上设防 / 173
二、防守布阵图 / 173
　　1. 全局18子平衡防守图 / 174
　　2. 全局17子平衡防守图 / 176
　　3. 全局17子非对称平衡防守图 / 177
三、实战死活分析 / 178
　　1. 全局17子星位三子防守图 / 178
　　2. 全局17子星位二子防守图 / 180
　　3. 全局17子小目高位防守图 / 182
　　4. 全局17子小目低位防守图 / 184
四、其他常见训练图形 / 185

第八章 初段水平实战对局解说 / 187

一、行棋思路 / 187
二、初段水平实战对局分析 / 188
　　第1局 / 188
　　第2局 / 200
　　第3局 / 210

围棋入级、入段小知识

一、围棋段位

围棋段位是衡量爱好者棋艺水平的标尺。

通常,爱好者在谈论围棋段位时,总是会对有段位者投去羡慕的目光。其实,段位并不是遥不可及的,普通爱好者只要系统学习围棋一段时间,基本上都可以达到一定的段位级别。

围棋的段位分为业余段位和职业段位,一般情况下,爱好者所说的段位指的都是业余段位。

在入业余段位之前首先需要入级,级数越小,水平越高,最低32级,最高1级;通常,爱好者学习3~6个月,就可以达到业余10级的水平;学习1~2年,可以达到业余1段(业余初段)的水平。入段后,业余段数(用阿拉伯数字表示)越大,水平越高,最低1段,最高6段。

业余5段(含)以下,主要是通过段位赛(也叫作升段赛)来鉴定的,可由省级体育局、解放军体育部门、行业体协所辖棋院、棋类协会、围棋协会直接批准授予。获得业余6段是比较难的,棋手须在有一定参赛条件的省级比赛中,获得前六名(前六名中已有业余6段称号的,名额可顺延),方可定为业余6段。

在中国围棋协会组织、主办或经中国围棋协会批准的全国性业余围棋比赛中获得冠军者,或获国际性业余比赛前三名的棋手,可称为"名誉7段"。

职业段位(用汉字数字表示)则从职业一段(职业初段)开始,直到职业九段(最高)。个别赛事获得冠军者可称为"名誉十段"。职业段位的入门门槛较高,每年全国只有几十人能够升入职业段位,在此我们不做详细说明。

二、围棋段位赛及证书颁发

普通爱好者只要参加区县级体育部门组织的段位赛,并在一定的组别中获得一定的胜率就可以得到相应的业余段位。

现在,学习围棋的儿童较多,相应的围棋培训机构每年都会组织一些段位赛，成人和儿童都可以报名参赛。比赛时分为成人组和儿童组。

成人组从无级开始升级、升段，首先升至10级，之后依次为5级、2级、1级、1段（初段）、2段……5段。中途不可跳级。

儿童组也从无级开始升级、升段，与成人的升段级别基本相同，有些地区会根据儿童棋力的具体情况，在10级之前设置25级、20级、15级的级别。中途不可跳级。

参赛者根据抽签分组，在组内达到一定的胜率即可升至下一级别。通过段位赛，最高可以得到业余5段的段位。爱好者达到任何一个级别，都将得到该级别的证书。业余段位、级位证书由中国围棋协会统一制作并颁发。中国围棋协会是业余段位的审批机构，负责业余段位的审批和管理。

通常，爱好者可以通过当地的围棋协会、围棋培训机构、相关网站等报名参加围棋段位赛。参赛者需持有上一级别的证书参赛；未定级者需参加无级组比赛。比赛采用中国围棋规则。

三、鉴定段位

除正常参加升段赛外，业余棋手入段也可由有一定资质的职业棋手来鉴定。每年，中国围棋协会根据职业棋手的工作表现和实际工作需要，公布具有鉴定业余棋手段位资质的职业棋手（即鉴定棋手）名单。

由鉴定棋手推荐业余棋手，所推荐的业余棋手应年满18周岁，鉴定棋手所推荐的业余段位不得超过5段（含）。通过鉴定而获得的业余段位，不能作为申请等级运动员的依据。除此之外，与通过其他途径产生的业余段位棋手享有同样的权利。

具体的段位棋力参照标准（以职业高段为参照），5段授3~4子，4段授4~5子，3段授5~6子，2段授6~7子，1段授7~9子。

四、自测棋力

普通爱好者，如不愿参加段位赛或由鉴定棋手鉴定段位，也可以在一些比较成熟的围棋网站上与其他爱好者一同对弈，通过获取相应的积分来自测棋力。

例如，在"弈城围棋网"上，弈城9段（排除职业棋手）大致相当于业余6段，弈城7~8段大致相当于业余5段，弈城5~6段大致相当于业余4段……以此类推。但这也只是一种棋力估测，不能作为最终的评判标准。

以上，我们已经了解了围棋入段的相关知识，怎么样，并没有想象中那么高不可攀吧？

本书的难度级别在业余1~3段。希望读者朋友们可通过对本书的学习，达到自己满意的棋艺水平，更希望大家可以鼓起勇气，参加当地的段位赛，与其他爱好者一同切磋、提高。

第一章 精选死活题

一、以"做眼的要点"为主题的死活题

【例1】如图1-1,白先活。

解答:如图1-2,白棋要做活,眼形丰富的选点有1位和A位。靠近1位的两个白子气紧、较弱,白棋应该选择1位。下一手2位和3位两处做眼必得其一,白棋活棋。白1如走A位,黑棋B位点眼,同时威胁白棋右边二子,白棋死棋。

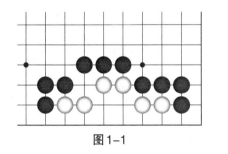

图1-1

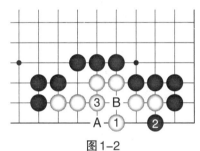

图1-2

【例2】如图1-3,白先活。

解答:如图1-4,白1立,不仅眼位丰富,更能加强白△一子。下一手无论黑棋走2位破眼还是C位缩小眼位,白3尖都能确保两眼活棋。白1如在A位打吃,黑棋下一手在1位扑,严厉,逼白棋在B位提,将白棋气撞紧,黑棋再在2位提,结果将成打劫活。

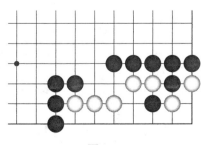

图1-3

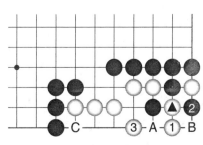

图1-4

【例3】如图1-5，黑先活。

解答：如图1-6，白棋在7位挖对黑棋的眼位伤害最大，但如黑棋在7位接，对眼位形成的帮助也差一些，白2从角上缩小眼位后，黑棋依然不活。仔细观察一下，黑1倒虎眼形最丰富，下一手在2位成直四或在3位再做出一眼，可轻松活棋。

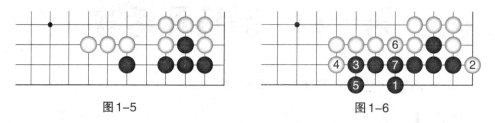

图1-5　　　　　　　　　　　图1-6

【例4】如图1-7，白先活。

解答：如图1-8，如白1走2位或3位，黑棋在1位点眼，白棋死棋。白1虎，眼位丰富（以下2位或3位都是做眼要点），还加强了较弱的白棋左边二子，弥补了子力结构的不足。有了白1相助，白3后A、B位必成一眼。

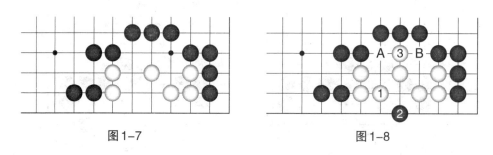

图1-7　　　　　　　　　　　图1-8

【例5】如图1-9，黑先活。

解答：如图1-10，黑1确定了吃掉白▲子获得一只眼，同时兼顾了2位的弱点。白2攻击黑棋气紧的二子，厉害。黑3有了黑1一子的帮助，可完全阻止白棋的前进。白4点，下一手有5位、A位、6位三个攻击点位，非常厉害。黑5接只此一手，可确保双活。黑5如走其他位置，均会被杀。白4如在A位断打，黑5接可吃白棋接不归。

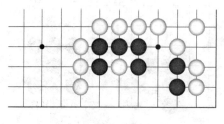

图1-9

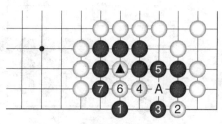

图1-10

【例6】如图1-11，黑先活。

解答：如图1-12，第一眼看上去，黑棋可选择3位、A位、2位，但都不行。1位是白棋攻击的要点，往往攻击的要点就是防守的要点，两者互为因果。黑1跳，眼位丰富，弱点减少，白棋已无严厉的攻击手段。白棋走3位则黑棋走2位，黑棋活；白棋走2位则黑棋走3位，逼白棋在A位点入，然后黑棋在B位切断白棋联络，形成大眼位的易活情况。

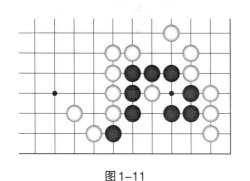

图1-11　　　　　　　　　图1-12

【例7】如图1-13，黑先活。

解答：如图1-14，黑1妙手，之后2位或3位得其一即活。黑1如直接在3位做眼，白棋在5位断是极妙的破眼手段。之后黑棋走4位、白棋走A位，黑棋死；黑棋改走A位打，则白棋在1位反打，利用黑棋三子气紧的弱点，卡住黑棋眼位，黑棋被杀。另外，黑1如走2位，白棋仍然走5位，黑棋同样不活。

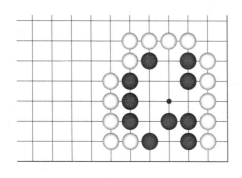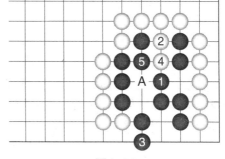

图1-13　　　　　　　　　图1-14

【例8】如图1-15，黑先活。

解答：如图1-16，黑1跳，唯一的一手，白棋无法破坏这里的眼位，黑棋活。黑1如走2位，白棋在9位点，黑棋死；黑1如走3位，白棋在6位夹，黑棋亦死。黑1跳的妙处是，如白棋先在6位夹、黑棋在7位冲后，白棋在4位渡不过。

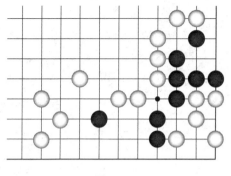

图1-15

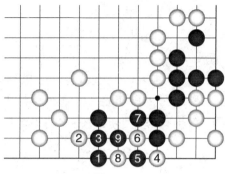

图1-16

二、以"缩小眼位"为主题的死活题

【例9】如图1-17，黑先白死。

解答：如图1-18，黑1缩小眼位，不让白棋进角做眼，白棋仅凭现有眼位空间无法做活。黑1如走2位，白棋在5位退，下一手在1位扳吃与4位做眼二者必得其一，可愉快活棋。

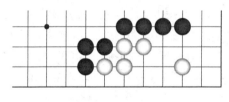

图1-17

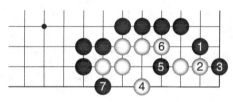

图1-18

【例10】如图1-19，黑先白死。

解答：如图1-20，黑1跳，逼白2断，撞气，黑3跳，继续让白棋断，白棋由于气紧，无法再断。在黑棋的猛烈攻击之下，白角终于失守。本题手法上虽然是黑棋缩小眼位，但也利用了白棋气紧的弱点并促使白棋撞气，白棋死是三者共同作用的结果。

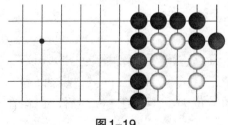

图1-19

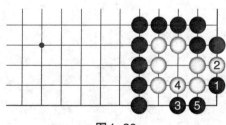

图1-20

【例11】如图1-21，黑先白死。

解答：如图1-22，黑1一路打是好棋。这手棋的特点是能紧白棋气，且前进速度快。白2粘，则对气非常不利，黑3后，白棋被杀。白棋如3位提，黑棋在7位跳，白棋也是死。黑1如在2位断打，白棋在3位提可活。黑1如在3位立，白棋在5位虎可活。

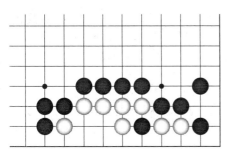

图1-21

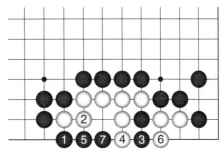

图1-22

【例12】如图1-23，黑先白死。

解答：如图1-24，黑棋有1位、A位、B位三个缩小眼位的点可以选择。黑棋在A位冲，白棋在C位挡有助于丰富眼位；黑棋在B位断也不好，下一手继续缩小白棋眼位时将碰到白子。因此黑1缩小眼位是好棋。白2提，黑3点眼，白棋死。

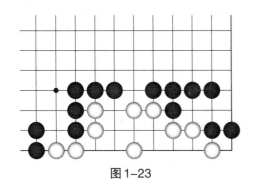

图1-23

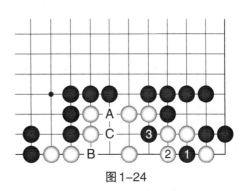

图1-24

【例13】如图1-25，黑先白死。

解答：如图1-26，黑1渡过，以下至黑5，简单应对即可。白6时，黑7位点重要。白8提黑棋四子，黑9在2位点，白棋死。其中白2扑是好棋，如直接在4位打，角上成方四，没有活棋可能。黑1如在7位点，白棋在3位跳，成为打劫活。

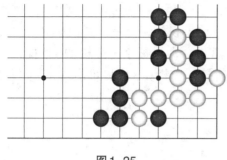

图1-25

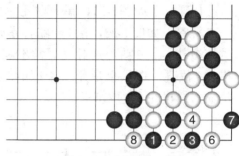

图1-26 （❺❾=②）

【例14】如图1-27，黑先白死。

解答：如图1-28，黑1、黑3缩小眼位，使白棋做眼空间变得变得狭小。白4、白6威胁黑棋三子，黑7点眼，白棋死。

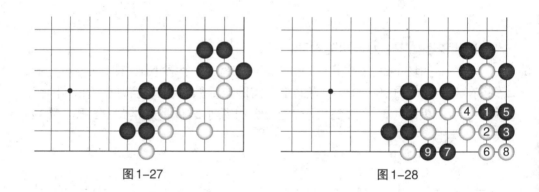

图1-27　　　　　　　　　　　图1-28

三、以"点眼"为主题的死活题

【例15】如图1-29，黑先白死。

解答：如图1-30，黑1点，好棋。1位是白棋做眼的要点，同时也是点眼的要点。白2提，黑3扑又成眼位的要点。黑5卡眼，白棋死。

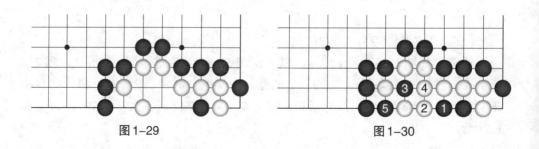

图1-29　　　　　　　　　　　图1-30

【例16】如图1-31，黑先白死。

解答：如图1-32，白棋右边暂时成不了眼，但如白棋走1位，将立刻形成完整的眼，因此黑1点眼是对白棋的致命一击。以下白2粘，黑3爬，白棋死；白2如走3位，黑棋在A位扑，以下白棋提、黑棋在2位卡，白棋死。

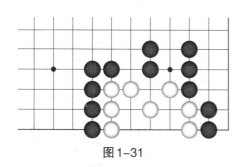

图1-31

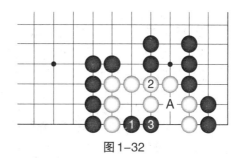

图1-32

【例17】如图1-33，白先黑死。

解答：如图1-34，白1点眼显而易见。之后，如黑棋走到3位、5位任何一点将成双活。因此，利用黑棋气紧的弱点，白3打、再白5尖，是对死活棋形非常敏锐的感觉。如黑6不提，则无法在7位断。白7粘，角上成丁四，同时还形成有眼杀无眼，黑棋死。

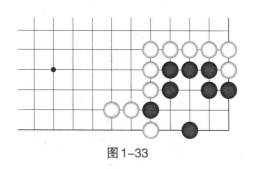

图1-33

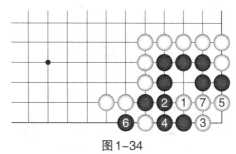

图1-34

【例18】如图1-35，黑先白死。

解答：如图1-36，本题有几处需要小心的地方：首先黑棋不能在A位打，否则白棋在3位形成打劫；其次考虑黑棋是在1位点眼还是在2位或B位缩小眼位；正解是黑1点眼，白2扩大眼，此时黑3要克制在A位打吃的冲动，防止白棋做劫；最后，黑3点，妙手，利用接不归吃住白棋左边四子，白棋死。

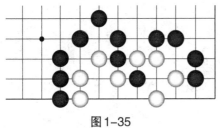

图1-35

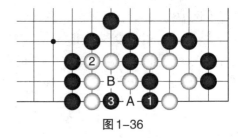

图1-36

【例19】如图1-37，黑先白死。

解答：如图1-38，1位是眼位要点，所以黑1点眼。白2接，准备在3位做眼。黑3、黑5边破眼边缩小眼位，白棋死。

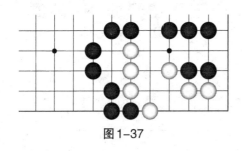

图1-37

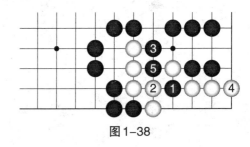

图1-38

【例20】如图1-39，黑先白死。

解答：如图1-40，黑1点眼后，白2、4、6虽努力扩大眼位，但黑7立，抓住了白棋气紧的弱点，白棋的眼位依然不够。白2如在5位顶，黑棋可在A位断，是缩小眼位的好手，白棋死。

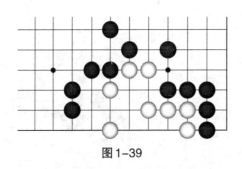

图1-39

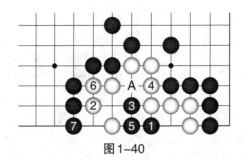

图1-40

四、以"破眼的要点"为主题的死活题

【例21】如图1-41，黑先白死。

解答：如图1-42，无论黑棋选择A位、B位、2位哪一处缩小眼位，白棋走1位都能立即做活，因此黑1是阻止白棋做眼的关键。白2扩大眼位，下一手在3位打可活。黑3点眼，之后A位、B位黑棋必得其一，白棋死。

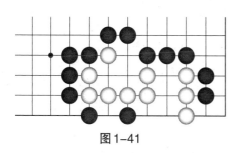

图1-41

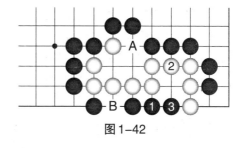

图1-42

【例22】如图1-43，黑先白死。

解答：如图1-44，黑棋无论走A位或是3位，或是走1位以外的任何位置，白棋走1位接都能保证活棋。因此，黑1是要点。白2打，先做一眼，下一手走3位能做出另一只眼，因此，黑3是必需的。白4只有提，黑5再往前冲，白棋只剩一眼。如白4下A位，黑棋可下B位，白棋死。

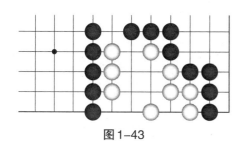

图1-43

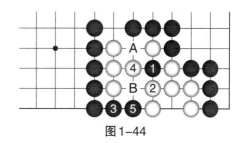

图1-44

【例23】如图1-45，黑先白死。

解答：如图1-46，黑棋走1位破白棋眼，没有按一般先2位再1位的顺序出着，而采用了先1位后2位的顺序，十分厉害。黑1利用了白棋二子气紧的弱点，故意点进眼位，而白2断其退路时，黑3打，利用黑1将上边的眼位破掉，白棋死。

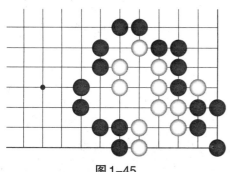

图1-45

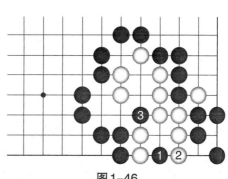

图1-46

【例24】如图1-47，黑先白死。

解答：如图1-48，黑1好棋，下一手瞄着4位卡眼的手段。白2打，黑3爬，好棋，逼白4团撞气。黑5打，从右边卡住了白棋的眼。白2如走4位，黑棋仍走5位，白棋一样不行。白2如走A位，黑棋在4位扳，白棋的眼还是被卡。如黑1走A位，白2简单打吃即活。如黑1走3位，白棋走A位，黑棋走1位，白棋在4位打，黑棋粘，白棋走5位可活。

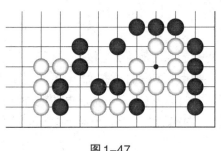

图1-47　　　　　　　　图1-48

【例25】如图1-49，黑先白死。

解答：如图1-50，要破坏紧气三子附近的眼位，"三子正中是急所"。黑1正是三子的正中空一格的位置，既威胁其眼位，还尽量少受其伤害。白2切断。黑3与黑1是绝好的攻击三子又破眼的组合。白4粘，黑5再破眼，白棋死。其中黑1不能走5位直接破眼，否则白棋在6位提，黑棋在5位扑，白棋占据9位跳是做眼要点，白棋活。

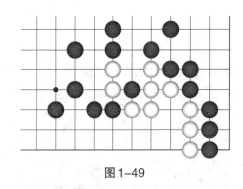
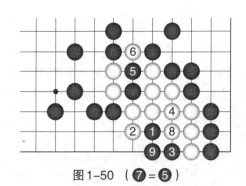

图1-49　　　　　　　　图1-50（❼=❺）

【例26】如图1-51，白先黑死。

解答：如图1-52，白1点，直抵黑棋做眼核心，这手棋是本题关键。白3是巧手，黑棋无法吃掉白1一子了。黑4挡，白5一路打，可顺势逃往右边。黑6不能在A位紧住白棋，否则白棋在8位打吃，黑棋不行。白7先冲，细心，再在9位拐出，黑棋阻挡不住，黑棋死。如黑4在A位曲，白棋在7位长、黑棋在8位粘、白棋在4位渡过，黑棋同样不行。

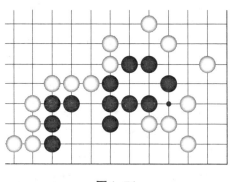

图 1-51

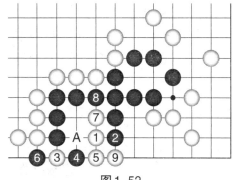

图 1-52

五、以"气紧的弱点"为主题的死活题

【例27】如图1-53，黑先白死。

解答：如图1-54，黑1夹，既攻击白棋弱子，还有下一手在2位渡过和3位点眼的手段。白2切断黑1退路，黑3以下对白棋二子穷追猛打，顺势破掉眼位，至黑9缩小眼位，白棋死。

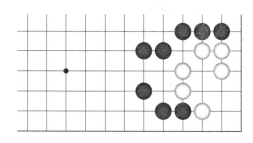

图 1-53

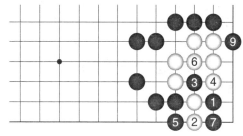

图 1-54 （⑧=❸）

【例28】如图1-55，黑先白死。

解答：如图1-56，白棋眼位空间不小，黑1必须先缩小眼位，白2挡。接下来黑棋既要抢5位的点眼，又要救黑▲一子，因此必须要利用白棋气紧的弱点攻击4位的要点。分析之后不难发现，黑3挤厉害，下一手可在4位扑入。白4粘，黑5点，白棋死。白2如走A位打，黑棋在2位长，白棋亦死。

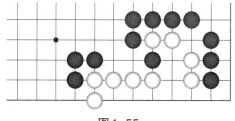

图 1-55

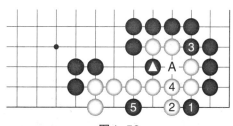

图 1-56

【例29】如图1-57，黑先白死。

解答：如图1-58，黑棋如果先在3位挖、5位断打，直接攻击白棋三个弱子不行。黑1点，为在3位、5位攻击白棋气紧的三子做准备。白2如不切断，则眼位空间不足。黑3挖，黑5断打，将白棋分开，再在7位与埋伏好的黑1会师，白棋气紧而死。

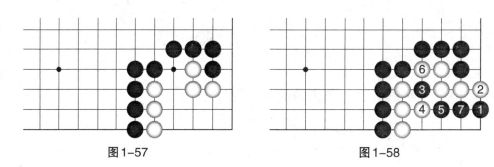

图1-57　　　　　　　　　　　图1-58

【例30】如图1-59，白先黑死。

解答：如图1-60，正常状态下，白棋先下4位，后下7位缩小眼位，不能破掉黑棋眼位，白棋必须加大攻击力度。观察可知，黑▲子都有些气紧，白▲一子也还有些利用。因此，白1挤，逼黑2团，做好强攻准备。白3跳，黑棋气紧的弱点完全暴露出来了。以下如黑4不断，则失去眼位，断则撞气，使白5的手段成立，黑棋死。

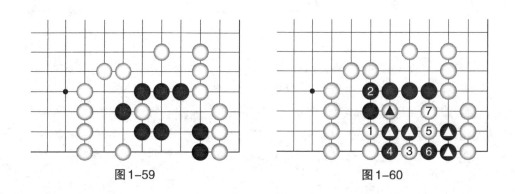

图1-59　　　　　　　　　　　图1-60

【例31】如图1-61，黑先白死。

解答：如图1-62，黑1是不容易一眼看到的冷着，黑棋如先走5位点眼，白棋在2位可将眼位做成曲四的活形，黑1点眼的同时，紧了白棋三子一气，下一手将在2位尖，借扑吃白棋三子而逃出白棋包围。白2防守，黑3、黑5连续点眼，白棋死。其中白2如在3位打，黑棋在2位反打，白棋亦死。

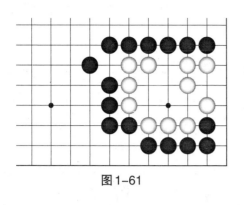
图 1-61

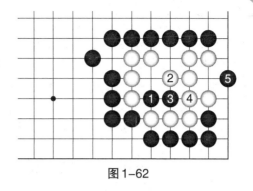
图 1-62

【例32】如图1-63，黑先白死。

解答：如图1-64，本题一定要利用白棋气紧的弱点。黑1打巧妙，白2反打时，黑3再打，完全顺势而为，白棋简单被杀。白2如在A位提，黑棋在B位立是缩小眼位的关键一手，白棋死。

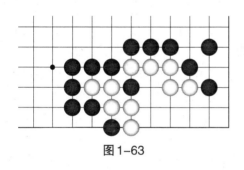
图 1-63

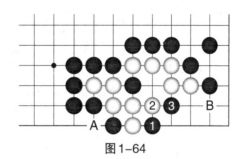
图 1-64

六、以"撞气"为主题的死活题

【例33】如图1-65，黑先白死。

解答：如图1-66，为了避免打劫，黑棋如先走3位缩小眼位，则白棋在A位粘，黑棋在4位扑，白棋在B位提时，黑棋在1位点眼与4位扑不能兼顾。因此应先走黑1点掉上述暗藏之眼，同时撞白棋一气，黑3再点，即可净杀白棋了。其中黑1如在A位断打，白棋在3位反打成劫，黑棋不好。

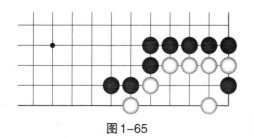
图 1-65

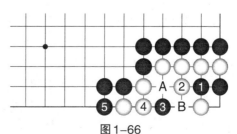
图 1-66

【例34】如图1-67，黑先白死。

解答：如图1-68，黑1攻击白棋2位的弱点是必须的，本身1位也是白棋做眼的要点。这时白棋左边三子气紧的弱点已经显露出来，黑3强攻，逼白4切断撞气，黑5挖，白棋已不能在7位切断了，白棋死。

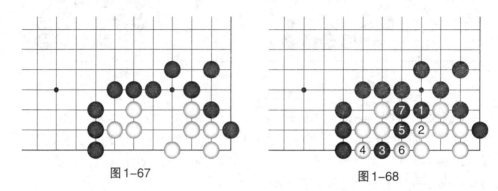

图1-67　　　　　　　　　　图1-68

【例35】如图1-69，白先黑死。

解答：如图1-70，本题白棋要破黑棋眼，必须占到7位卡，而白棋要走到7位卡，必须要撞紧黑棋外面所有棋子的气。白1一边往外跑、一边往黑子身上贴，让黑棋来吃。黑2只能打吃。白棋在3位或6位再打，黑4提，白棋再在1位扑，黑棋这里要成眼就必须走6位或3位团，自撞一气，白7跳，卡眼，黑棋死。

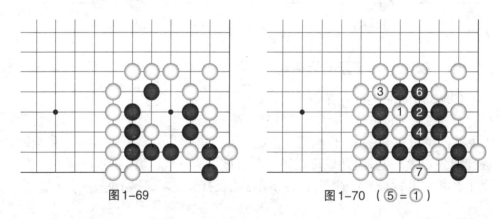

图1-69　　　　　　　图1-70（⑤=①）

【例36】如图1-71，黑先白死。

解答：如图1-72，黑1、黑3硬往白子身上贴，巧妙地撞紧了白棋的气，黑5再打吃，白棋死。黑1如直接走5位缩小眼位，想让白棋在A位粘后，黑棋再在1位跳，杀死白棋是不可能的。当黑1走5位打的时候，白棋在1位尖，守住角上做眼要点，即可活棋。另外，黑3走5位也不行，白棋走3位即可活棋。

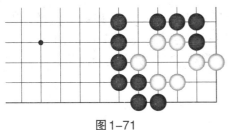

图1-71

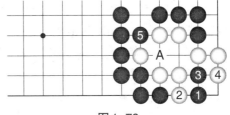

图1-72

七、以"防守方弱点"为主题的死活题

【例37】如图1-73，黑先白死。

解答：如图1-74，黑1立是细心的一手。白2紧气。黑3立是下黑1时就准备好的撤退路线，由于白棋A位不入气，黑棋二子已安全联络，白棋死。黑1如在A位打，则过于草率，白棋在3位扑，结果将成为劫活。

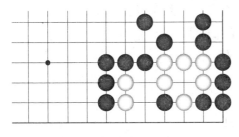

图1-73

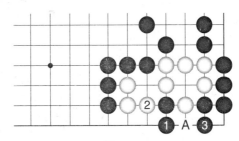

图1-74

【例38】如图1-75，黑先白死。

解答：如图1-76，黑1托，保留随时可先手走的3位冲的权利，既可利用到白棋一子气紧的弱点，还能从一路左右两边快速逃跑。白2挡，黑3冲，再黑5退，之后白棋在A位不入气，白棋死。其中白2如走5位扳，黑3仍冲，白4挡，黑棋在2位长，白棋死。白2如走6位长，黑棋在B位跳，白棋死。

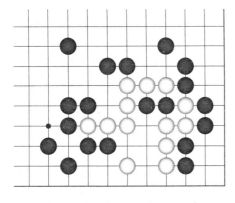

图1-75

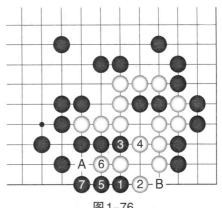

图1-76

如图1-77，黑1托时，白2接，虽然白棋也活不了，但却是目前最强的抵抗。黑3跳，防白棋走5位扩大眼位。白4打，好棋，逼黑5接，白6打，这时黑7点眼，白棋可吃黑棋三子。如不仔细观察，这时就会认为白棋已活，这就是计算中的盲点，实际情况是，黑7只要照常点眼，让白8提黑棋三子，黑棋再9位卡，白棋就死了。

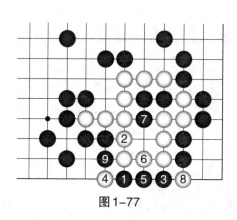

图1-77

【例39】如图1-78，黑先白死。

解答：如图1-79，黑1曲是一子四用的好棋——宽一气保护了己方黑棋二子；保证今后能运用倒脱靴的手段吃掉角上白棋二子；保持下一步走2位破白棋眼的进攻势头；牵制住白棋，使其不能先走3位造眼。白2提与黑3打吃，两处双方各得其一。白4打，黑5曲多弃一子，黑7断，用倒脱靴吃回白棋，最终白棋死。

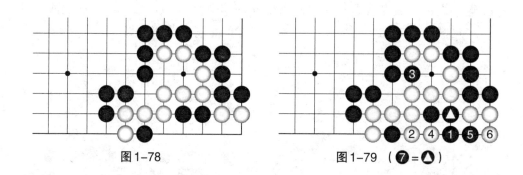

图1-78　　　　　　　图1-79（❼=▲）

八、以"猪嘴"为主题的死活题

【例40】如图1-80，黑先白死。

解答：如图1-81，黑1断，逼其做出猪嘴眼形，白2只有打吃。黑3点眼及时，白4提，黑5破眼，同时内外两面威胁着要卡猪嘴处的眼，白棋死。

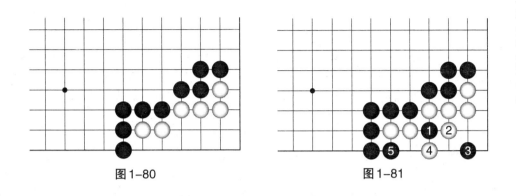

图1-80　　　　　　　　　图1-81

【例41】如图1-82，黑先白死。

解答：如图1-83，如黑1走3位缩小眼位，以为白2曲，黑棋利用白棋气紧的弱点在1位跳，看起来可杀死白棋，实则不然。黑棋在3位扳时，白2只要走1位跳，以下黑棋走2位，白棋走5位，黑棋走4位，白棋走7位，角上就成曲四的活棋了。通过以上演算，我们可以确定黑1是要点，其与老鼠偷油类破眼方式相类似。以下白2曲，黑3扳，白4不能阻渡，黑棋成功杀死白棋。

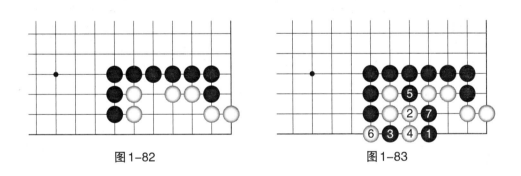

图1-82　　　　　　　　　图1-83

九、以"利用攻方弱点"为主题的死活题

【例42】如图1-84，黑先活。

解答：如图1-85，黑1挡，尽量地扩大眼位。白2打，是最有效的破眼手法。黑3厉害，不满足于在8位挡与白棋打劫，而是把防线退后，引白棋进来。白4不能再进角破眼。黑5等待白棋在8位接。白8接之前，先在6位点，借破眼与黑7交换，撞紧黑棋一气，白8接，黑9断、黑11长，不伤自己的气，间接延气。白12长，黑13扑，白棋三子接不归，黑棋活。

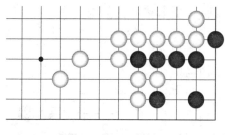

图1-84

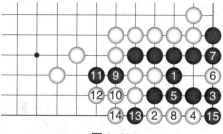

图1-85

【例43】如图1-86，黑先劫。

解答：如图1-87，黑棋无论如何不能让白△一子活。黑1挖，白2打，下一手黑棋如果在4位接，白棋在3位接是好棋，黑棋死。其中白4如走A位补，黑棋在B位曲，白棋必须在3位粘，防扑，黑棋在C位可活棋。由于3位的重要，黑棋要先在3位扑。对此，下一手白棋在6位如提，黑棋在4位提成打劫活。白4现在先提黑1一子，黑5打，白棋三子接不归，只能在6位提成打劫，黑棋也成功。

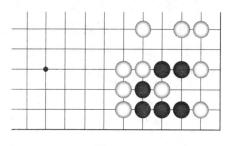

图1-86

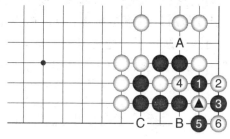

图1-87

十、以"卡眼"为主题的死活题

【例44】如图1-88，白先黑死。

解答：如图1-89，白1点眼，白3卡，黑棋死。白1如在A位打，黑2成劫。白3如在A位打，黑棋在3位成劫。

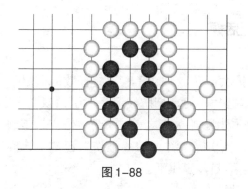

图1-88　　　　　　　图1-89

【例45】如图1-90，黑先白死。

解答：如图1-91，黑1冲，如白棋在4位粘，黑棋在A位跳，白棋死。白2跳机敏，守住边上开口。白棋下一手在3位立可得一眼，因此黑3扳是要点，至黑5扳，白棋死。

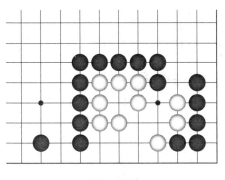

图1-90

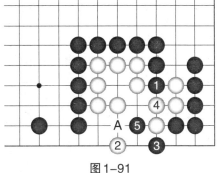

图1-91

十一、以"对称形"为主题的死活题

【例46】如图1-92，黑先白死。

解答：如图1-93，黑1是"两边同形走中央"的要点。以下黑棋2位、3位必得其一，4位、5位必得其一，白棋死。

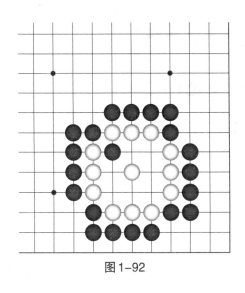

图1-92

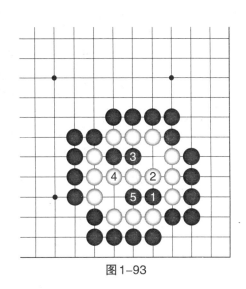

图1-93

【例47】如图1-94，黑先白死。

解答：如图1-95，黑1妙手。按普通方法破眼，黑3、白5或黑5、白3，白棋都能两眼活棋。黑棋要杀白棋,必须3、5两点都要占到,因此就要攻击与这两处眼都有关系的1位中间点,白2打吃,黑3既能救黑1又能破眼,白4只能提,黑5再破眼,白棋死。如果黑3走5位消极破眼,白棋走3位可活。

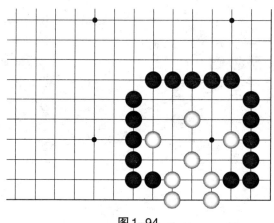

图1-94

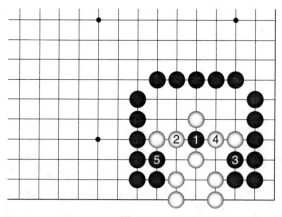

图1-95

十二、以"扩大眼位"为主题的死活题

【例48】如图1-96,黑先活。

解答:如图1-97,白棋左边有一路硬腿,攻击力强,右边黑棋三子气紧,也需要照顾。因此,黑1扩大眼位时,既要防止白棋从左边进攻,也要照顾右边黑棋弱子。照此思路选择黑1尖,可保黑棋两眼活棋。

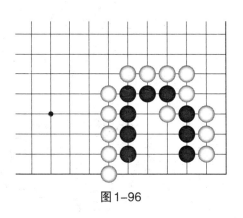

图1-96

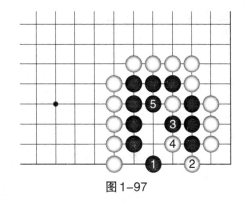

图1-97

十三、以"断点的弱点"为主题的死活题

【例49】如图1-98，白先黑死。

解答：如图1-99，白1断，黑2打，白3反打，至白5，黑棋死。黑2如在4位打，白棋在2位立下，黑棋右边不入气，也是死棋。如黑棋右边四子有外气，则白1只能走2位点或5位冲成打劫。如白1在2位点，则黑棋在1位接，白棋在5位跳，黑棋在3位扑，成打劫。如白1在5位冲，黑棋在3位挡，白棋在2位打，黑棋在1位接，也是打劫。

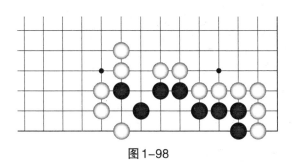

图1-98

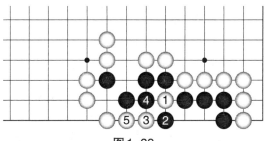

图1-99

精选死活练习

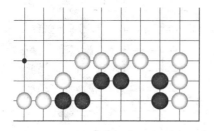

第1题 黑先活

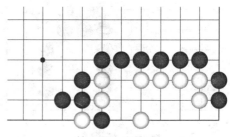

第2题 白先活

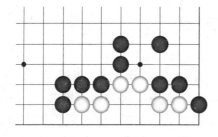

第3题 白先活

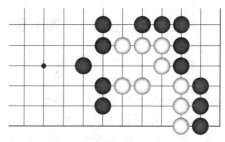

第4题 白先活

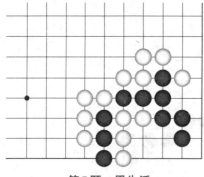

第5题 黑先活

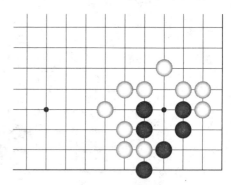

第6题 黑先活

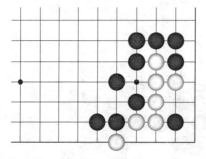

第7题 白先活

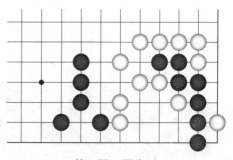

第8题 黑先活

第一章 精／选／死／活／题

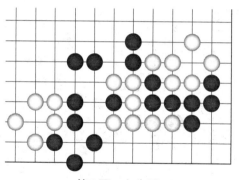

第9题 白先活

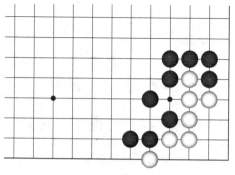

第10题 黑先杀白

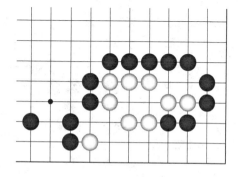

第11题 黑先杀白

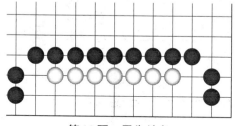

第12题 黑先杀白

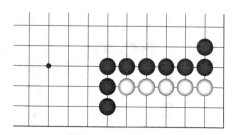

第13题 黑先杀白

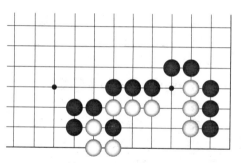

第14题 黑先杀白

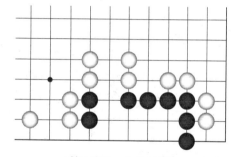

第15题 黑先杀白

第16题 白先杀黑

027

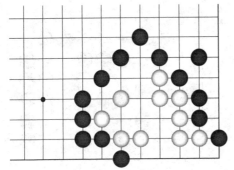

第17题 黑先杀白

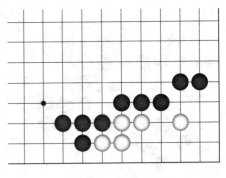

第18题 黑先杀白

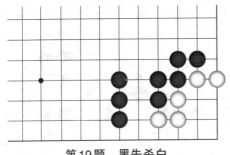

第19题 黑先杀白

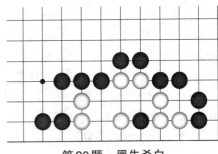

第20题 黑先杀白

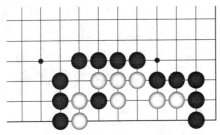

第21题 黑先杀白

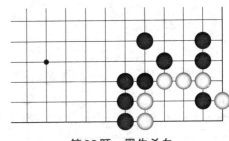

第22题 黑先杀白

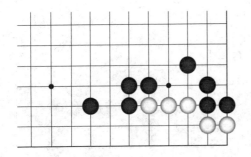

第23题 黑先杀白

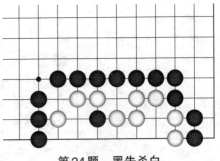

第24题 黑先杀白

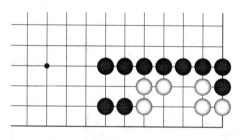

第25题 黑先杀白

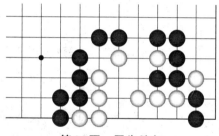

第26题 黑先杀白

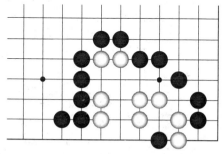

第27题 黑先杀白

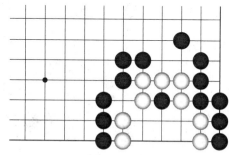

第28题 黑先杀白

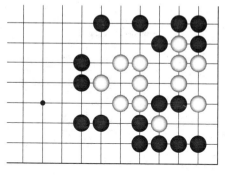

第29题 黑先杀白

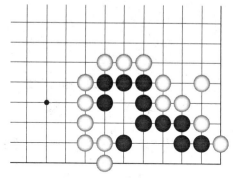

第30题 白先杀黑

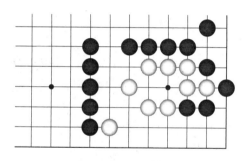

第31题 黑先杀白

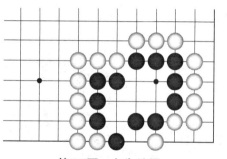

第32题 白先杀黑

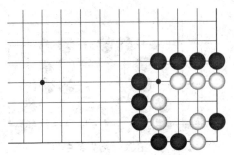

第33题　黑先杀白

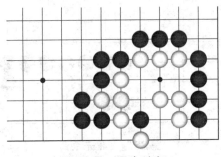

第34题　黑先杀白

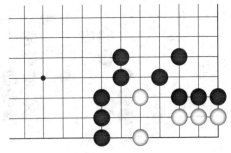

第35题　黑先杀白

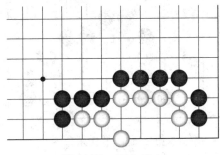

第36题　黑先杀白

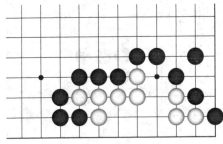

第37题　黑先杀白

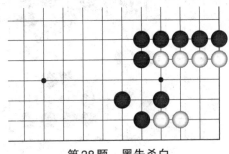

第38题　黑先杀白

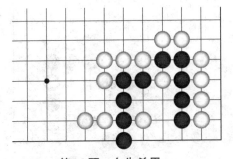

第39题　白先杀黑

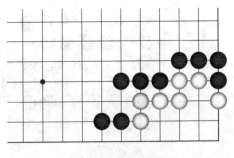

第40题　黑先杀白

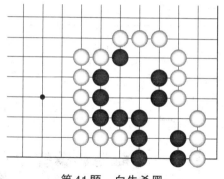

第41题　白先杀黑

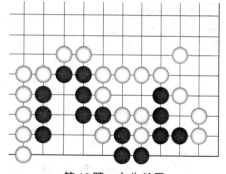

第42题　白先杀黑

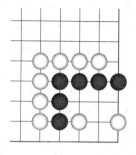

第43题　黑先活

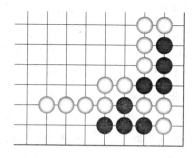

第44题　黑先活

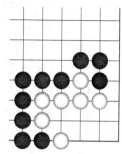

第45题　黑先杀白

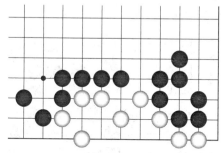

第46题　黑先杀白

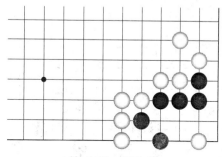

第47题　黑先活

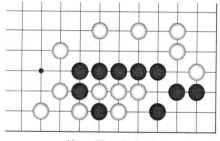

第48题　黑先活

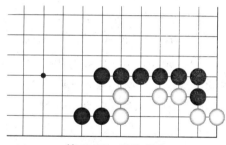

第49题　黑先杀白

习题解答

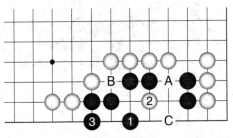

第1题解答

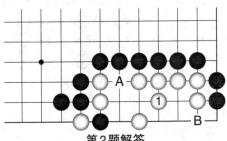

第2题解答

第1题解答：黑1虎，眼形丰富，下一手2位、3位必得其一，黑棋活。黑1如走2位，白棋走1位点眼，黑棋在A位扩大眼位，白棋在3位和B位先手缩小眼位后，在C位点可杀死黑棋。

第2题解答：黑棋走A位或B位，都有助于白棋出现眼形。如黑棋先在A位冲，再在B位扳，缩小眼位后，白棋的眼位很明显是丁四。由此，白棋很容易确定做眼的要点就是白1了。

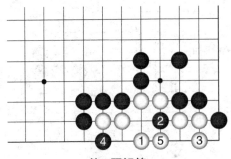

第3题解答

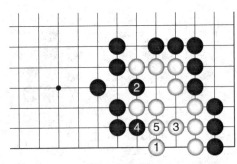

第4题解答

第3题解答：通过分析发现，靠近5位的两个白子没有靠近1位的两个白子弱。因此，白1一边做眼，一边加强弱子。黑2断，白3曲保护好自己，并获得5位新的成眼点，确保了活棋。

第4题解答：白1是做眼要点，下一手2位、3位必得其一，顺利活棋。白1如在2位做眼，黑棋在5位靠入厉害，白棋死；白1如在4位扩大眼位，黑棋在3位点，白棋死；白1如走3位，黑棋在1位飞，白棋死。

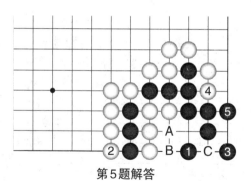

第5题解答

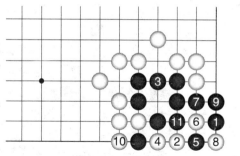

第6题解答

第5题解答：黑1尖，冷静之着，下一手两面都能做眼。黑1如急于在A位打，白2提，黑棋在B位挡，白棋在C位做倒扑，黑棋必死。

第6题解答：黑1是二·一路的做眼要点。下一手白棋如在3位破眼，黑棋在5位做眼可活。白2点是厉害的进攻手段，一方面不让黑棋在5位做眼，另一方面威胁4位黑棋的缺陷。黑3先做一眼，冷静，白4断，黑5打吃做眼。白6再次利用黑5气紧的弱点反身攻击，黑7反打是妙手，至黑11，可吃白棋接不归而活。

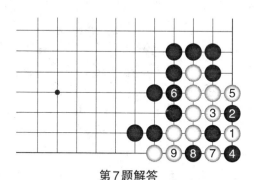

第7题解答

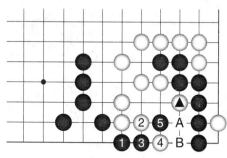

第8题解答

第7题解答：黑棋如占到9位扑，白棋角上板六的图形依稀可辨，如按板六来看，二·二已被黑棋占据，白1即是其中仅存的要点了。黑2打，反击，正确。白3反打，至白9，形成连环劫吃掉黑子，白棋成活。

第8题解答：黑1扳，只此一手，绝妙。下一手白2曲，黑3再爬依然是好棋。白4挡，则黑5断，白▲一子与白4无法兼顾，黑棋活。白2如在3位挡，黑棋在4位打，随后再在5位长可得一眼。白2如走A位，黑棋走B位即可，下一手白棋在3位挡，黑棋在2位断可活。

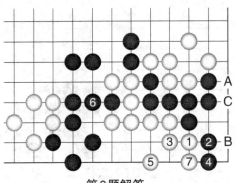

第9题解答

第9题解答：白1、3扳粘攻角，再占到5位做眼要点，白棋两眼活棋。白1如走3位曲，黑棋在1位挡，白棋在A位扳缩小黑棋眼位，黑棋在4尖是宽气的好棋，以下白棋B位点、黑棋C位挡，形成杀气，白棋不利。

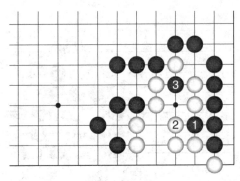

第10题解答

第10题解答：黑1冲与黑3扑配合，破坏了白棋眼位，白棋简单被杀。如果看不到黑1、3的组合破眼，这道题会相当难解。

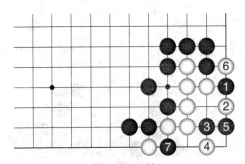

第11题解答

第11题解答：黑1扳缩小眼位，再在3位点眼可轻松杀白棋。黑1如直接在3位点，白棋在5位夹即可净活。黑1走7位缩小眼位是不行的，白棋在5位跳、黑棋在4位点眼，白棋在3位接可活。黑1如走5位，白棋在3位曲，黑棋在2位长，以下将形成盘角曲四，虽然白棋也是死棋，但远不如黑1缩小眼位杀得痛快。

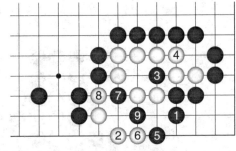

第12题解答

第12题解答：黑1曲，加强黑棋二子，同时缩小眼位。白2如果走4位挡，黑棋在9位跳，白棋死。白2尖时，黑3扑、5尖，好棋。白6顶时，黑7挤、9挖，可破掉白棋眼位。

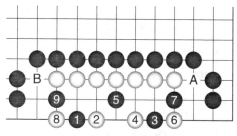

第13题解答

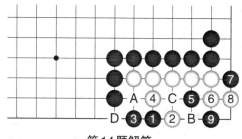

第14题解答

第13题解答：在A、B处没有白棋的情况下，黑1、3大飞缩小眼位，再在5位点眼，白棋即死。白6、8打，黑7、9反打，白棋无法获得眼位，简单被杀。

第14题解答：黑1如果走2位大伸腿，白2在1位挡，不能让黑棋轻易退回去，以下黑3在4位打吃，白4在A位反打，黑5在3位提，白6在B位挡，黑7在1位粘，白8在C位做眼，黑9在D位粘，白10在6位做活。黑1走小伸腿，白2挡，黑3退，白4扩大眼位，黑5点眼，黑7再缩小眼位，黑9点眼，白棋不能活。

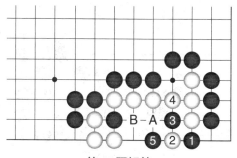

第15题解答

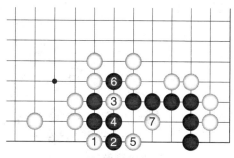

第16题解答

第15题解答：黑1扳缩小眼位，厉害。白2如挡，黑3可断，白4接回三子，黑5提，白棋死。黑1不可在3位夹，否则白棋在4位接、黑棋在1位渡时，白棋在A位、5位连打后，在B位做眼可活。

第16题解答：白1、3缩小眼位，之后白5打吃是阻止黑棋做眼的好棋。黑6提，白7尖，板六的两个中间点黑棋都占不到了，结果黑棋死。

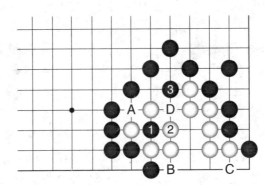

第17题解答

第17题解答：从图中看白棋的眼位似乎不易从内部来破。黑棋有A位、3位、B位、C位四个选点，先从哪里缩小眼位呢？黑棋如走B位，被白棋挡住，有助于白棋做眼活棋；走C位很容易形成接不归；黑棋在A位打，白棋在1位接，黑棋在3位破眼，白棋在D位挡，白棋活。鉴于此，黑棋必须要用更有力的手段。黑棋利用白棋气紧的弱点在1位扑，妙手！白2提，黑3刺，白棋因做眼空间小而死。

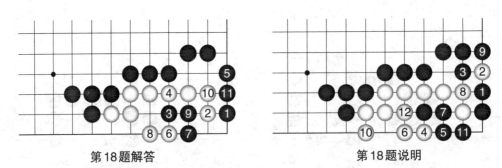

第18题解答　　　　　　　　　　第18题说明

第18题解答：黑1大飞缩小眼位。白2尖，一边要吃黑1，一边要在3位做眼，也属当然的一手。黑3先一步点眼。本题最关键的一手是黑5必须跳，白6试图做眼，黑7打正确，如走8位打将成劫活。白8以下至黑11接，白棋死。

第18题说明：黑1长，白2挡设置障碍后，以下至白12黑棋将成接不归，白棋活。其中黑5走6位打好一些，以下白棋走5位，黑棋走12位，白棋走8位，黑棋走9位，白棋走10位，黑棋走11位扑成劫，黑棋即使赢劫，结果也不如正解的净杀白棋。

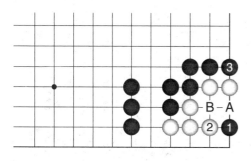

第19题解答

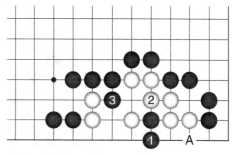

第20题解答

第19题解答：黑1是有名的点方位置，是双方做眼与点眼的要点。白2顶是对黑1最凶狠的攻击。黑3从外面紧气是好手，使白棋无法在A位做眼，白棋还要防黑棋走B位扑吃白棋二子的手段。至此，白棋已死。下一手白棋如走B位粘，黑棋可脱先，今后角上将形成盘角曲四的死形。

第20题解答：黑1立，刻不容缓。因为无论黑棋从哪里缩小眼位，只要白棋走到1位做眼，都能立即成活。黑1后，白2如果粘，则黑3点眼，白棋死。如白2走3位，由于白棋在2位存在气紧的弱点，黑棋可在A位渡过。

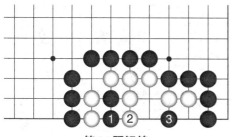

第21题解答

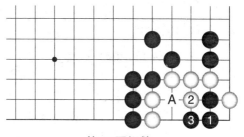

第22题解答

第21题解答：黑1先点眼好，还是在3位先缩小眼位好？正解是黑棋先在1位点眼，再在3位跳，缩小眼位，白棋死。

第22题解答：黑1破眼厉害，以下白2拐，黑3拐，白棋死。如白棋下3位，则黑棋走A位，白棋死。黑1如走2位贴，白棋在A位粘，以下1、3两点白棋必占其一，成打劫。黑1如走3位尖，白棋在1位扑，仍成打劫。

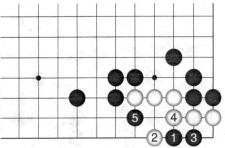

第23题解答

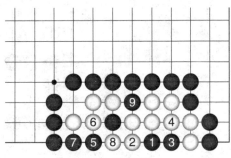

第24题解答

第23题解答：黑1是做眼与点眼的要点。由于角上二子气紧，白棋不能在3位做眼，只能先断黑1退路，下一手再争取在3位做眼。黑3先一步点眼，并且威胁4位断点，十分机敏。白4接时，黑5再缩小眼位，白棋气紧被杀。

第24题解答：黑1、3点眼，再黑5缩小眼位，白棋死。本题中黑1的点眼与5位的缩小眼位的选点是关键。黑5利用白棋三子气紧的弱点和黑棋外围子力的强势，是置白棋于死地的一着。

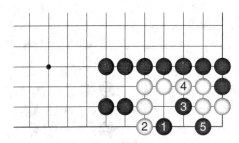

第25题解答

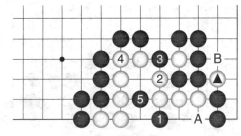

第26题解答

第25题解答：1位、3位、5位都是眼位的要点，必须全部占到，才能做成丁四的死形杀白棋。其中黑1不可先走3位，否则白棋在4位挡，黑棋在1位尖时，白棋可在5位做眼，然后可吃掉黑3一子活棋。

第26题解答：由于有白▲一子存在，白棋在A位挡时，黑棋要在B位补。因此黑1点眼就成了明显的要点了。白2、4扩大眼位，黑5可利用白棋气紧的弱点再次点眼，白棋死。

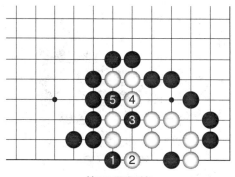

第27题解答

第27题解答：如果白棋占到3位，黑棋将无法杀白棋。所以黑棋利用白棋气紧的弱点，先在1位扳，逼白2挡，再在3位挖，破掉这里的眼位。至黑5，白棋死。

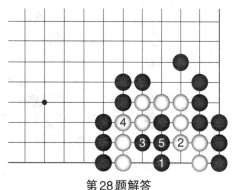

第28题解答

第28题解答：观察发现，黑棋必须占到1、3两点，才能杀死白棋。如果黑3走5位将形成双活。黑1跳，白2只能接。白2如走5位提，黑棋在4位挤是好棋，两边倒扑，白棋死。黑3挤，与黑1合作，占据了两个眼位要点。白4接，最后黑5团成丁四，白棋死。

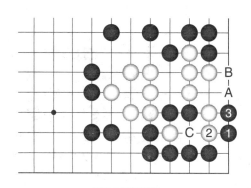

第29题解答

第29题解答：黑1厉害，是只此一手的好棋。白2顶，冲击黑棋的弱点。黑3长，既破掉了白棋眼位，又紧了白棋二子一气，眼看着C位的接不能下，白棋整块棋含冤而死。黑1如走B位，白2先手与黑棋C位交换，再在A位挡可活。

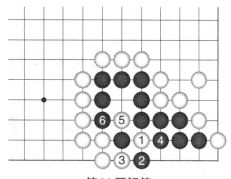

第30题解答

第30题解答：如白棋走2位、3位、5位任意一点，黑棋走1位都能活棋。因此白1是必须抢占的眼位的要点。黑2打，白3、5攻击后成为劫杀。

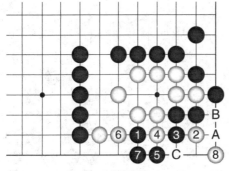

第31题解答

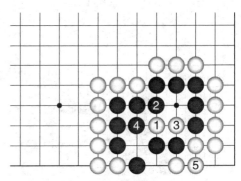

第32题解答

第31题解答：黑1如走4位或6位缩小眼位，白棋占到1位，会在另一边做眼活棋。因此，黑1是破眼急所。白2夹是威胁黑棋两边的好棋。黑3必须切断白2退路，白4冲，黑5必须挡，如果黑棋走6位退，白棋在C位、A位连打，可在角上做眼活棋。白8尖是最后的精彩好手，接下来黑棋B、白棋C，成劫。

第32题解答：黑棋气紧，白棋只需看准破眼的地方，内外联合攻击即可。本题白1点眼，一举击中要害。

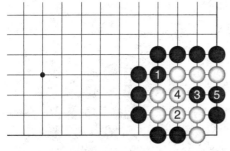

第33题解答

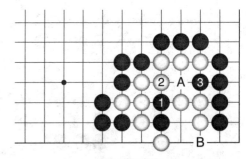

第34题解答

第33题解答：黑棋不能走2位缩小眼位，而必须占到1、3、5三个点。利用白棋气紧的弱点，黑1挤，白棋立时无力抵抗了。

第34题解答：如果黑棋先在3位冲，缩小眼位，接下来白棋在A位挡，黑棋在1位点眼，白棋在B位扩大眼位活棋。如果黑棋先在B位缩小眼位，白棋在1位做眼，活得更轻松。因此，我们发现1位是做眼要点。黑1破眼，白棋左侧四子气紧，白2不得不粘，黑3再破眼，白棋死。

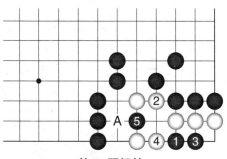

第35题解答

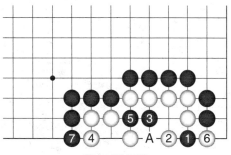

第36题解答

第35题解答：黑棋如在A位与2位两处缩小白棋眼位，白棋分别挡住后，眼位是直四活棋，因此，黑棋杀白棋必须1、3两个要点都占到。黑棋利用白棋三子气紧的弱点，直接走1位破眼，白2无奈，只能扩大眼位，黑3再点眼时，白4为外部做眼做最后努力。黑5挖，白棋气紧，无法再进行抵抗。

第36题解答：3位、4位都是必争的眼位要点，黑棋要杀白棋必须两点都占到。黑1扳悄悄地紧了白棋一气，白2挡时，黑3点眼，白棋死。接下来白棋如在4位曲做眼，黑5可借助黑1之力，断打白棋五子，逼白6提，再在7位吃白棋左边三子。白2如在4位做眼，黑棋在A位跳，白棋下边做不出眼而死。

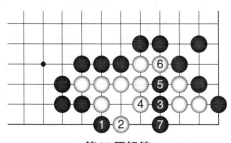

第37题解答

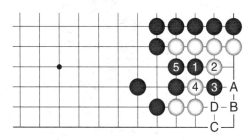

第38题解答

第37题解答：白棋外气很紧，内部有3、4两个眼位要点。如黑棋在4位点，白棋在3位顶，可活。如黑棋在3位点，则白棋4位挡，接下来黑棋在5位冲，白棋在6位挡，黑棋在7位长，差一点形成金鸡独立。因此，黑1扳，让白2挡，自撞一气，黑3点，白4做眼，黑5冲、7立，形成金鸡独立，白棋死。

第38题解答：黑1尖好棋，令白棋四子简单被吃。黑棋如在2位夹，白棋在4位冲，黑棋不行。黑棋如在4位冲，白棋在3位挡，黑棋在A位夹是厉害的一手，白棋在B位虎，黑棋在2位打吃，白棋在C位做眼，黑棋在D位提，成劫，明显不如正解。

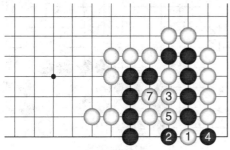

第39题解答

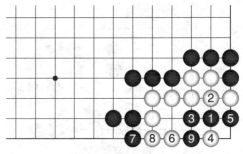

第40题解答

第39题解答：右边黑棋五子气比较紧，一定要好好利用。白1扳，黑2只能挡，白3长出打吃，黑4提，以下白5打、7团做成聚杀，黑棋死。

第40题解答：黑1点，黑3贴，对白棋构成很大威胁。白4一边紧气，一边寻找眼位。黑5是破眼的要点。白6尖好棋，下一手占9位可成双活。黑7是本题逼白棋自撞气的关键之着，白8不得不团，黑9做眼，白棋死。

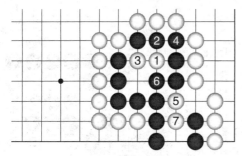

第41题解答

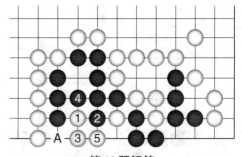

第42题解答

第41题解答：白1跳入，将子贴在黑棋弱子身上，逼黑棋吃白棋并自己撞气。黑2冲吃，白3打，再次撞紧黑棋的气。白5打、7冲，破掉了黑棋下边的眼，黑棋死。

第42题解答：白1无论下哪里，黑棋只要守住1位就能活棋。因此，白1是攻击急所。黑2冲，只此一手。白3是不易察觉的好手，既加强了自己，保持了进攻势头，还使黑棋下一手无论是在4位做眼还是在A位切断，都要撞气。接下来4、5两点白棋必得其一，黑棋死。

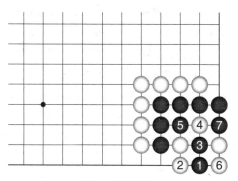

第43题解答

第43题解答：黑1是明显的急所，白2挡，必然。黑3不让白棋轻松做眼，同时让白棋吃黑棋撞气。白4打，黑5反打，盯着最弱的角里面的二子进行猛攻。白6提，黑7打，角上白棋成接不归，黑棋活。

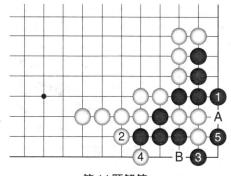

第44题解答

第44题解答：黑1立，冷静，先防守住自己气紧的弱点，白棋自然无处可逃。黑1如走A位急于紧气吃白棋，白棋在5位打，成劫。黑1如走3位扳紧气，白棋在B位扑，黑棋在A位打，白棋提，结果也成打劫。

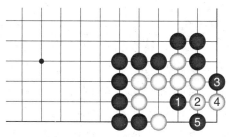

第45题解答

第45题解答：在对付猪嘴的方法中，最简单的就是黑1直接点眼，白2曲，从背后限制黑1活动，争取保护角上眼位。黑3缩小眼位，白4挡，黑5再点眼，白棋死。

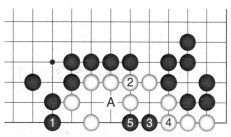

第46题解答

第46题解答：黑1立，从外面动手，是破白棋猪嘴处眼位的除A位点之外的常用方法。白2接，黑3点，白4粘，黑5再点，白棋死。如黑1在A位点，下一手白2接，反而扩大了白棋的眼位，白棋可轻松活棋。

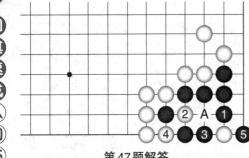

第47题解答

第47题解答：黑1顶正确，这样，就成了杀大猪嘴时，第一手没扳而直接在里面点的棋形。下一手无论白2走哪里，黑3打吃都可活。白2如走3位，黑棋在A位打吃，同样活棋。

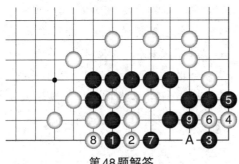

第48题解答

第48题解答：黑棋空间小，开口多，不借助外界因素无法活棋。黑1立，好棋。白2如在右边打，则自撞了一气，不便于今后从这个方向往角上前进。黑3跳好棋，如在6位曲，白棋在A位点，黑棋死。白4、6点眼，黑7扩大眼位，成为活棋。

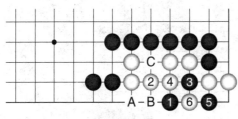

第49题解答

第49题解答：黑1点是相当厉害并十分常用的一手棋。白2曲，断黑棋退路。黑3断，白4打，黑5虎破眼，白6提成打劫。白4如在5位做眼，黑棋在A位扳，白棋在B位挡，黑棋在C位打，白棋成净死。

第二章 精选手筋题

手筋即好棋,是局部棋形的要点所在。一般来说,常见的手筋有吃子、切断、对杀、补断、夺取根据地、空中出棋、联络、出头、渡过等十几类着法。读者在吃子、对杀、收官时,可以多想一想,是否有相应的手筋,可以为自己获得更多的利益。

通过熟练掌握以下各种类型的手筋题,你就能在实战中以最快的速度发现己方、对方棋形的要点所在,从而一击制胜。

一、以"吃子"为主题的手筋题

【例1】如图2-1,黑先吃白。

解答:如图2-2,黑1靠,依仗背后黑棋势力,强力抱紧白棋三子,以下白棋三子已不能动,如白棋在A位冲,则黑B、白C、黑D滚打包收,白棋死得更快。

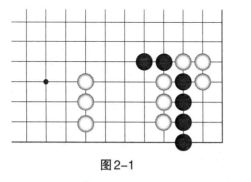

图2-1

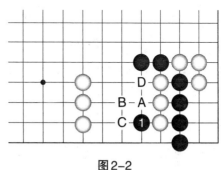

图2-2

【例2】如图2-3,白先吃黑。

解答:如图2-4,白1靠,是一着致命的好手。白1如在3位封锁,黑棋二子虽然逃不掉,但黑棋可以在A位提,白棋角上四子气不够被杀。

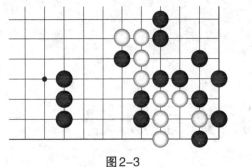
图2-3

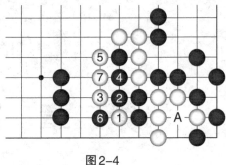
图2-4

【例3】如图2-5，黑先吃白。

解答：如图2-6，黑1挤厉害，白2只能曲，黑3打，白棋三子被吃。其中白2如在3位接，明显是自撞气，黑棋在2位打成一气吃，白棋损失更大。另外，白2如在5位打，黑棋在4位长，白棋退路几乎被切断，同样不行。

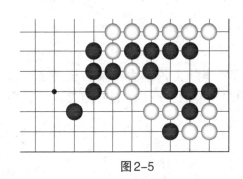
图2-5

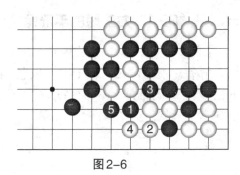
图2-6

【例4】如图2-7，黑先吃白。

解答：如图2-8，黑1大跳，是吃白棋一子棋筋的唯一一手。白2如逃跑，黑3挡、5枷，会加重白棋的损失。

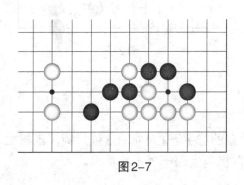
图2-7

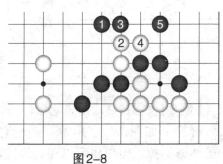
图2-8

【例5】 如图2-9，白先吃黑。

解答：如图2-10，白1断，风险较大。黑2挖，白3是愚形好手。黑4还在诱惑白棋犯错。白5团，又是愚形好手，黑棋A、B两点不能兼顾，白棋成功。其中，白3如走A位挡，则中黑棋计，下一手黑棋在5位打，白棋无应手。

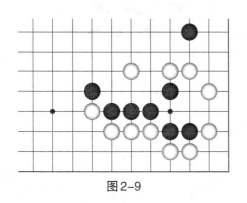

图2-9

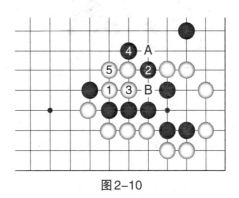

图2-10

【例6】 如图2-11，黑先吃白。

解答：如图2-12，黑1有两边同形走中央的意思。以下黑3、5挡住白棋逃路，是强手。至黑11，白棋被吃接不归。其中黑7要特别小心：如走9位或11位急于吃白棋接不归，下一着白棋走11位或9位可逃出黑棋包围。

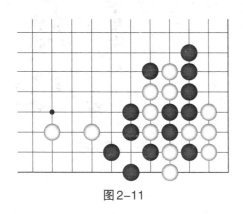

图2-11

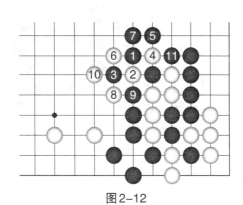

图2-12

【例7】 如图2-13，黑先劫。

解答：如图2-14，黑1、3容易想到，白4提后，白棋有下面和左面两个软头。这时，黑棋如不慎走A位打吃，白棋在1位接，这两个软头就成了硬头，黑棋不行。因此，黑5选择保护黑3并打吃白棋是正确的一手。白6断打反击，黑7提，成劫。这个劫对双方来说都很重，因此黑棋在劫材不利的情况下不能这样下。

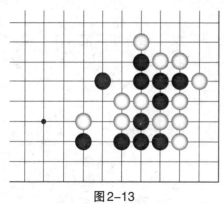

图2-13

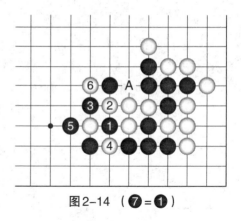

图2-14 （❼=❶）

【例8】如图2-15，黑先吃白。

解答：如图2-16，黑1挤，好棋。白2撞到黑棋外壁上，气很紧。黑3、5扑，白棋不得不提，气越撞越紧，至黑7，成接不归。白2正确下法是走3位或4位，黑棋在2位打吃，白棋三子被吃，损失小一些。

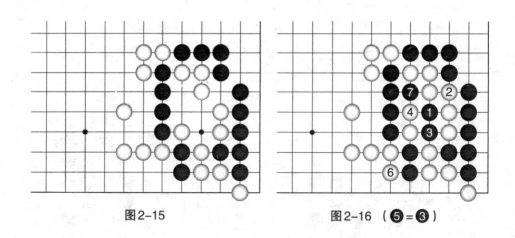

图2-15　　　　　　　　图2-16 （❺=❸）

二、以"切断"为主题的手筋题

【例9】如图2-17，黑先劫。

解答：如图2-18，黑1靠，是切断白棋二子的好手。下一手白棋无法兼顾2位与3位两个断点，只能在2位粘。白2如走A位试图顽抗，黑棋在B位顶住，白棋损失更大。黑3断，至此角上还不完全为黑棋所有，今后还有白B、黑A、白C、黑D、白E的打劫手段。

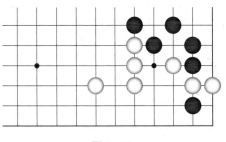

图2-17

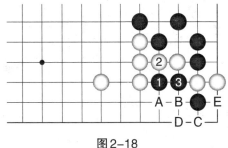

图2-18

【例10】如图2-19，黑先。

解答：如图2-20，如黑1直接在3位粘，白棋下4位，黑棋下5位，白棋下1位可以渡过，黑棋不行。因此，黑1点刺，再在3位粘可切断白棋的联络。这里双方都正确的下法是：白2走3位断，黑棋在2位断打，白棋在4位吃，黑棋在A位提。这样，黑棋吃到了角上二子棋筋活棋，白棋也减少了损失。

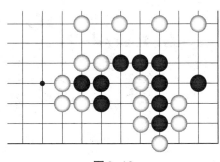

图2-19

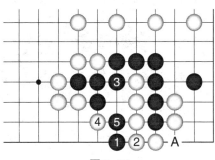

图2-20

【例11】如图2-21，黑先。

解答：如图2-22，黑1飞点好棋，这时如白棋在A位扳，黑棋在B位冲，由于有C位的打，白棋就不能在D位渡过了。

如图2-23，黑1飞，白2断，黑3点妙手，至黑7，白棋被吃。

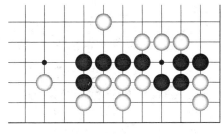

图2-21

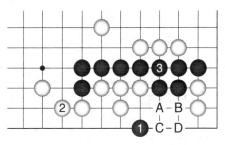

图2-22

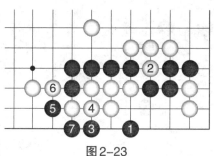

图2-23

【例12】如图2-24，黑先劫。

解答：如图2-25，白棋有1、3两处断点。黑1、3连续出击，白2、4勉强抵挡，黑5再打，白6只能反打，结果成为打劫。其中白4如走5位，黑棋在A位打吃，白棋五子接不归。

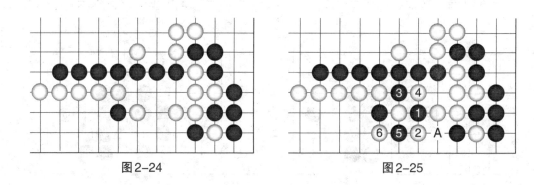

图2-24　　　　　　　　　　　图2-25

【例13】如图2-26，白先。

解答：如图2-27，如白1直接走7位退，黑棋下9位，白棋下2位，黑棋下5位可二路渡过。白1点的意思是让黑棋走3位接，白棋再在7位退，之后黑棋二路不能渡过。因此，白1点是好手，主要是为白7断黑棋做准备。白3冲出，黑4渡，白5扭断，下一手白棋A位与7位可得其一，可确保切断一处黑棋。

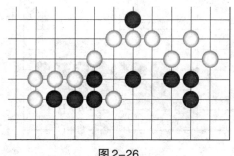

图2-26

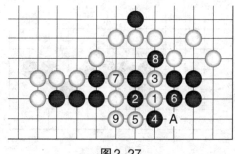

图2-27

【例14】如图2-28，黑先。

解答：如图2-29，黑1点，白2挡，黑3冲。下一手白棋如在A位挡，黑棋在B位冲，白棋将成裂形。因此，白棋只能在B位或C位连回，黑棋在A位冲出，可获得巨大收益。其中白2如走3位，黑棋在C位连，白B渡过，黑棋走2位断，白棋不行。

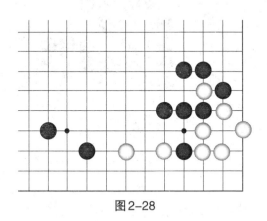

图2-28　　　　　　　　图2-29

【例15】如图2-30，白先。

解答：如图2-31，黑▲求渡，白1跨，击中要害。黑2冲，白3断，下一手白棋4位与5位必得其一，黑棋被断。白1如先在3位粘，黑2在4位挡，白3在1位再扳时，黑4可在5位夹过。另外，黑2如走5位夹，白3在4位冲，黑棋损失更大。

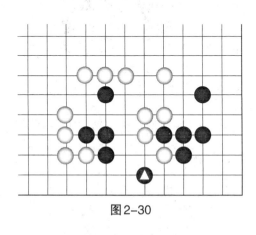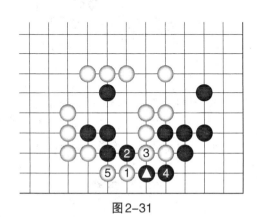

图2-30　　　　　　　　图2-31

【例16】如图2-32，黑先。

解答：如图2-33，黑1与A位相配合，先走哪个都能吃掉下边白棋。如黑1挖，白2打是为了占到4位接，今后走C位挡，能对右边黑棋发展有些阻碍。

但黑3、5也最大化地吃住了下边白棋。如黑1在A位挖，白B打，黑棋再在1位挖，可让下边白棋气更少。所以，如果黑棋外围气紧时，要先在A位挖。

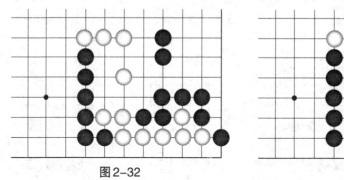

图 2-32

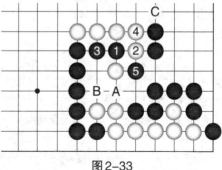

图 2-33

三、以"对杀"为主题的手筋题

【例17】如图2-34，黑先劫。

解答：如图2-35，黑白双方内部是劫，外部有气。黑1、3应先紧外气，最后黑5可先手提劫。黑1如先提劫，最后成白棋先手提劫，差别很大。

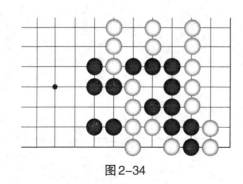

图 2-34

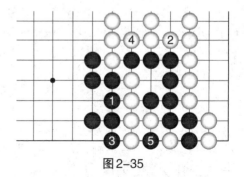

图 2-35

【例18】如图2-36，黑先杀白。

解答：如图2-37，黑1扑是紧气的好棋，白棋如在5位提，则会被黑棋一气吃。白2粘，黑3再扑，绝妙！白棋只能提，黑5打吃，黑7做眼，形成有眼杀无眼。

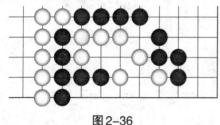

图 2-36

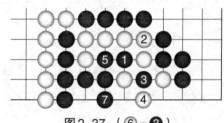

图 2-37 （⑥=❸）

【例19】如图2-38，白先杀黑。

解答：如图2-39，白1点，占到双方攻防急所，黑2挡，带有迷惑性，白3是要点，黑棋死已成定局。白3如急于走A位扳紧气，以下黑棋在3位扑，白棋提，黑棋在B位吃，将成打劫，白棋不好。

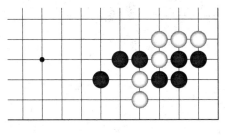
图2-38

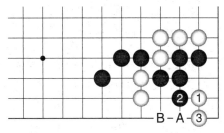
图2-39

【例20】如图2-40，黑先杀白。

解答：如图2-41，黑1断，是紧白棋气的要点，白2打，黑3扳，收气，白4提，黑5扳，白棋气越来越紧了。至黑13，白棋被杀。因此，黑11打时，白12不能接，只能走A位爬，之后黑棋在B位挡，白棋在13位做活。白12如在1位接，黑13跳是好棋，白棋差一气被杀。黑13如在A位挡，白棋在13位扳，成打劫，黑棋不好。

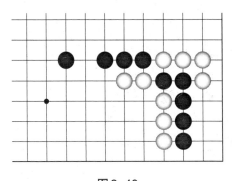
图2-40

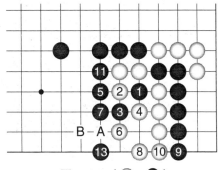
图2-41（⑫=❶）

【例21】如图2-42，黑先杀白。

解答：如图2-43，这是自古有名的手筋题，叫黄莺扑蝶。白▲扳，黑1不可随手走5位挡，否则白棋下2位，黑棋下7位，白棋两边先手扳可宽出一气，白棋再在A位紧气，黑棋死。黑1点，盯住三路的白棋二子，白2扳，防黑棋在B位断。黑3盯住B位与6位两个断点。白4挡，黑5紧气，白6接，黑7挡，步步紧逼，白棋再也无路可走，只能等死了。

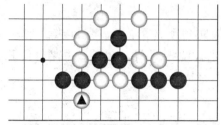

图2-42　　　　　　　　图2-43

【例22】如图2-44，白先杀黑。

解答：如图2-45，本形可供选择的点有3位点、1位夹、7位团。白1夹时，黑2扳，白3长，逼黑4接是关键。白5挡后，黑6为黑8夹做准备，看起来十分巧妙，但白9曲，下一手在10位断与在11位征吃黑棋棋筋必得其一，黑棋绝望。

如图2-46，白1团也可吃黑。如白1直接在3位点，看起来严厉，但黑棋只要简单走1位挡，即成打劫，白棋失败。

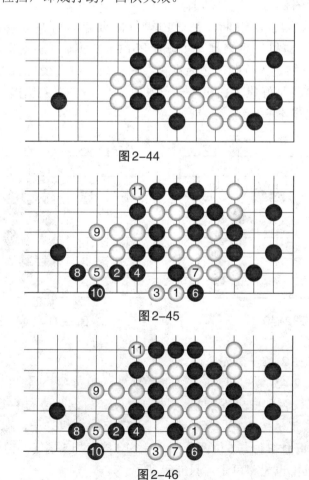

图2-44

图2-45

图2-46

【例23】如图2-47，白先杀黑。

解答：如图2-48，白1点，防止黑棋在角上做眼及延气。黑2接，白3粘，下一手白棋A位、B位得其一黑棋即死。

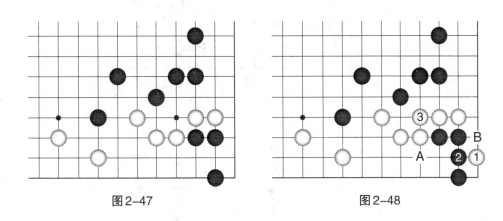

图2-47　　　　　　　　　图2-48

【例24】如图2-49，黑先杀白。

解答：如图2-50，黑棋可以利用角上难入气的特点与白棋周旋。黑1尖，下一步再占到2位黑棋可活棋。白2不得不扳角。黑3再粘，白4扳。以下白棋慢一气被杀。

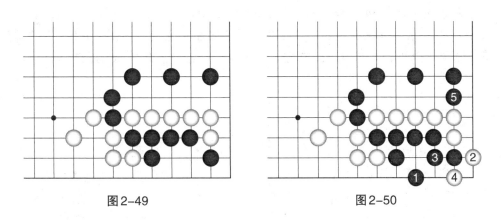

图2-49　　　　　　　　　图2-50

四、以"补断"为主题的手筋题

【例25】如图2-51，白先，防A断。

解答：如图2-52，白1尖冲，对黑棋左边二子施加压力，防守中蕴含攻击及扩张的积极意义，是好棋。黑2贴，白3扳，继续施压，着法紧凑有力。黑2当然不能在A位断，否则白棋在B位打，黑棋在C位长，白棋在D位冲下，黑棋成裂形。

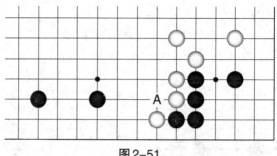

图2-51

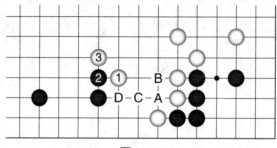

图2-52

【例26】如图2-53，黑先。

解答：如图2-54，黑1虎，是眼位丰富的好棋。有此一手，不仅自己完全安定，还使靠近黑棋的两边白棋不安。黑1如在A位立，白棋在B位飞，黑棋在1位挡，以下白C、黑D、白E，黑棋不活，之后黑角将成为白棋欺负、讨伐的目标。

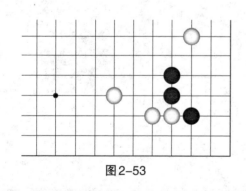

图2-53

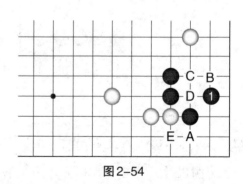

图2-54

【例27】如图2-55，白先。

解答：如图2-56，A位断点对白棋威胁最大，白1虎，不仅防住A位断点，同时也照顾到白棋整体的联络。由于有白1的虎，黑2、4的冲击显得有气无力。

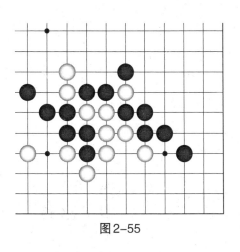

图2-55

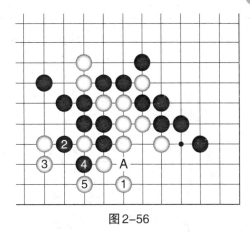

图2-56

【例28】如图2-57，黑先。

解答：如图2-58，白▲一子刺黑棋断点，黑棋此处应想办法先手补断。黑1立，是极机敏的一手。白2只好粘，黑3补，白4倔强地便宜一下后不得不在6位防黑棋二子渡过。黑棋先手补断。黑1如直接在3位补，白棋脱先。今后黑棋再在1位立时，白棋在6位团，让黑棋在2位扑，后手吃去四子，白棋损失不大，但黑棋就失去了先机。

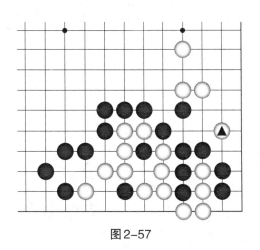

图2-57

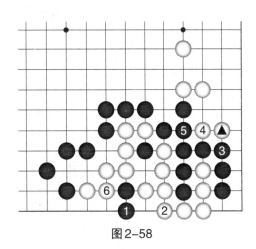

图2-58

五、以"夺取根据地"为主题的手筋题

【例29】如图2-59，白先。

解答：如图2-60，白1点，下一手有2位与3位两个退路。黑棋如果不满意黑2挡、白3扳的结果，可以考虑在A位或B位反击。黑棋在A位扳，白棋

在C位刺厉害，逼黑棋在3位粘，白棋再在2位退，黑棋困难。另外，黑2走D位靠进行反击，白棋在D位扳，变化较复杂，但白棋可战。

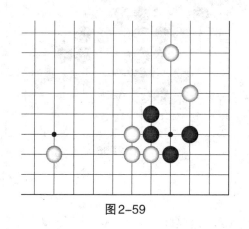

图2-59

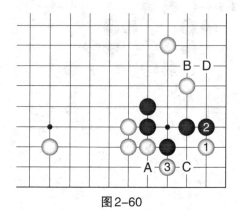

图2-60

【例30】如图2-61，白先。

解答：如图2-62，白1点，下一手5位逃出与4位挡吃角上三子必得其一，是严厉的一手。黑2拐吃，白3长，至白5，黑棋目数被破，眼位尽失，白棋收获很大。其中黑2如在3位枷，白棋在A位冲，黑棋在2位打吃，白棋在B位冲，黑棋眼位好一点，但白棋收获也更大。

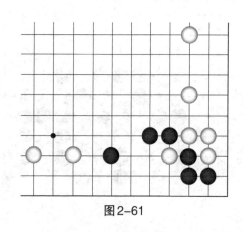

图2-61

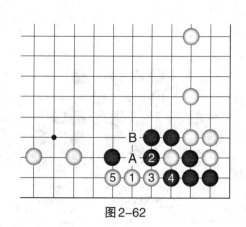

图2-62

【例31】如图2-63，白先。

解答：如图2-64，白1冲是致命一击，黑棋无应手。黑2如挡，白3点，黑棋损失巨大。黑2如在5位退，白棋走4位，黑棋走3位，白棋走2位，白棋收获同样巨大。白1如在4位扳，黑棋在A位断，白棋无棋。

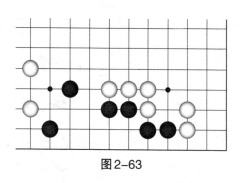

图2-63

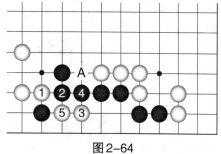

图2-64

【例32】如图2-65，黑先。

解答：如图2-66，黑1冲，黑3靠，强行夺取白棋根据地。白4、6反击，以下至黑13，黑棋吃掉下边白棋，白棋也让黑角受到战火之灾，结果黑棋可以满意。其中白4如走6位扳，黑棋仍然要走5位尖应。

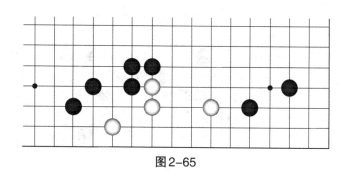

图2-65

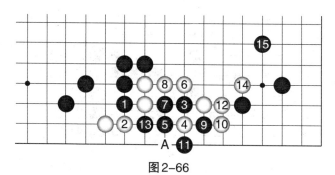

图2-66

六、以"空中出棋"为主题的手筋题

【例33】如图2-67，白先劫。

解答：如图2-68，白1尖好棋，被黑棋吃住的二子变成缓气两手劫。对黑棋来说，压力很大。白1如走2位曲或3位长，黑棋走1位，白棋净死。

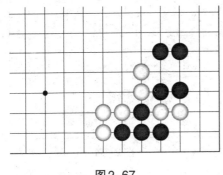

图 2-67

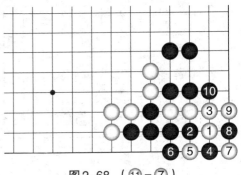

图 2-68 （⑪=⑦）

【例34】如图2-69，黑先。

解答：如图2-70，黑1、3连续送吃，是以牵制为目的的一种战术。白2、4后，这几个白子的活动被完全限制住。黑5粘，白棋角上数子被吃。

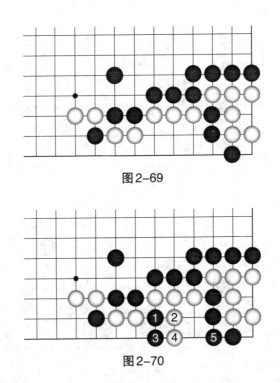

图 2-69

图 2-70

【例35】如图2-71，黑先。

解答：如图2-72，黑1挤是手筋，白棋气紧、断点多的毛病完全显露。白2粘时，黑3断、5虎，以下至黑9，白棋空被破坏，黑棋还吃掉白棋二子，收获巨大。还有两点需要注意，一是黑5虎比9接要便宜两目，二是黑9后，白棋不能轻易走A位收气，否则黑B、白C、黑D，白棋要落后手。

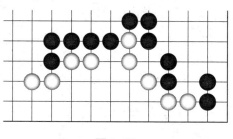

图 2-71

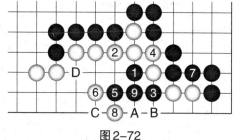

图 2-72

七、以"联络"为主题的手筋题

【例36】如图2-73，白先。

解答：如图2-74，黑▲冲，来势汹汹。白1、3避其锋芒，是聪明的做法。黑4便宜一下，白5暂且忍让，以确保连接。白1如在2位挡或白3在A位或B位挡，被黑棋切断，白棋将一举陷入困境。

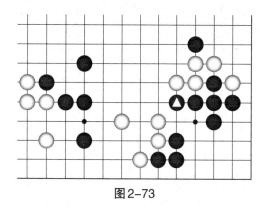

图 2-73

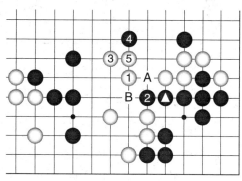

图 2-74

【例37】如图2-75，黑先。

解答：如图2-76，黑▲二子很危险，需要连回。黑1跳，白2粘，否则黑棋在2位扑，可吃白棋接不归。黑3再跳，黑棋愉快地回家，白棋右边一串棋子被吃。黑棋一般会先想到在3位大飞，再考虑利用白棋的弱点与黑棋二子如何连接，即能发现正解。这是跳与大飞组合快速、高效实现联络的典型实例。

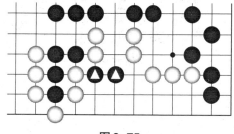

图 2-75

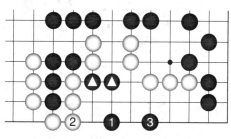

图 2-76

【例38】如图2-77,黑先。A位存在弱点,黑棋如何联络?

解答:如图2-78,黑1打,让白2长,黑3再顺势长出,是最大限度利用自己死子的好手。黑3后白棋下一手不好补,如在4位曲,今后在合适的时候黑棋有5位扳的骚扰、利用手段,白棋如在6位断,黑7、9打将死子利用到了极致,先手形成铜墙铁壁。

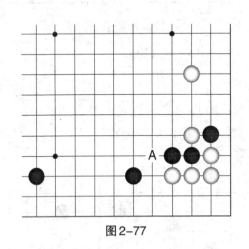

图2-77

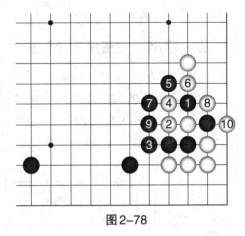

图2-78

八、以"出头"为主题的手筋题

【例39】如图2-79,黑先出头。

解答:如图2-80,黑1断,是善于发现对方弱点并加以利用的好棋。白2只能打,黑3、5出头,以较小的代价渡过了危机。其中白2如走3位打,黑棋在A位打形成征子,白棋不行。另外白2如走4位打,黑棋在2位长,白棋在B位曲,黑棋在C位顶,白棋几子将被软征。

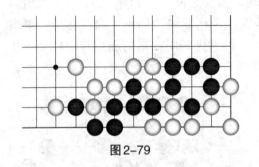

图2-79

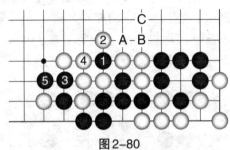

图2-80

九、以"渡过"为主题的手筋题

【例40】如图2-81,黑先。

解答：如图2-82，黑棋整体气紧，此时黑1粘是手筋，白2只能粘，黑3渡过。黑1如走2位冲，白棋走A位，黑棋走1位，白棋走B位，黑棋死。如黑1直接走3位扳，白棋在C位挡，黑棋也不行。

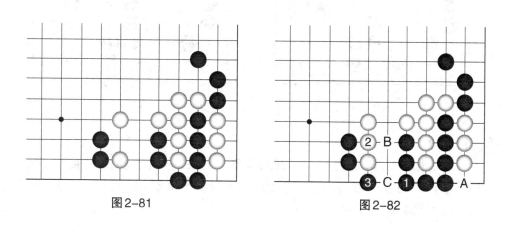

图2-81　　　　　　　　　　图2-82

【例41】如图2-83，白先。

解答：如图2-84，白1断，击中黑棋要害。黑2打，白3再扳又是好手，与白1相呼应，此时如果黑棋要在A位挡，由于气紧的关系，白棋在4位长就能反杀黑棋。因此，黑4只能提，白5成功渡过。其中黑2如在4位打，白棋在2位长，先手吃三子，也可以满足。

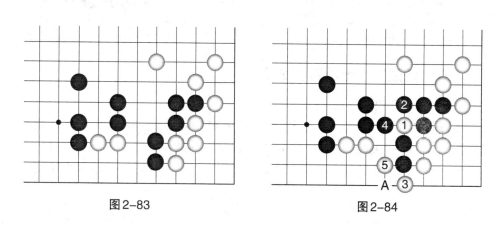

图2-83　　　　　　　　　　图2-84

十、以"防守"为主题的手筋题

【例42】如图2-85，白先。防黑棋A、B两处威胁。

解答：如图2-86，白1跳，既活角，又要渡过，是一子两用的巧手。黑2挡，白3可出头。黑2与A如何选择，要看周围情况。

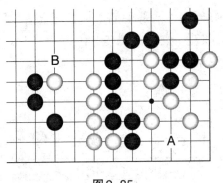

图2-85

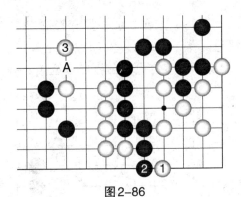

图2-86

【例43】如图2-87，黑先。

解答：如图2-88，黑1夹，避开白❶攻击势头，利用黑棋四子强势，制住白棋弱子，是防守严密的一手。黑1如走A位，白棋走1位或2位，都可能惹出麻烦，黑棋不好。

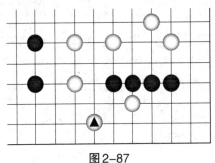

图2-87

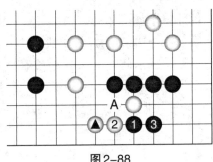

图2-88

十一、以"破空"为主题的手筋题

【例44】如图2-89，白先破空。

解答：如图2-90，白1点，下一手进退自如。黑2没有办法，只好自补。白3退回，轻松占领黑角。黑2如走3位抵抗，白棋在A位打，黑棋在B位粘，白棋在C位挡，黑棋死。另外，黑2如在B位团，白棋在C位贴，黑棋难受。

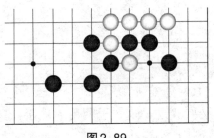

图2-89

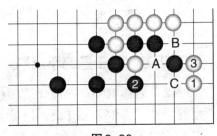

图2-90

【例45】如图2-91，黑先。

解答：如图2-92，黑1跳，攻白棋两边。白2补A位断点，黑3以下进入角地。其中白2如走4位护角，以下黑A、白B、黑C、白2、黑D，白棋被杀，如图2-93。

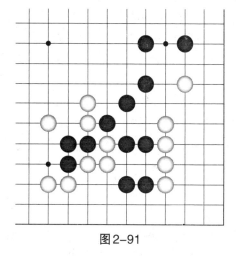

图2-91

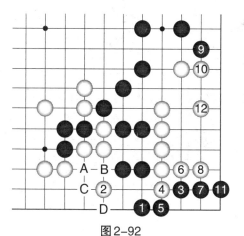

图2-92

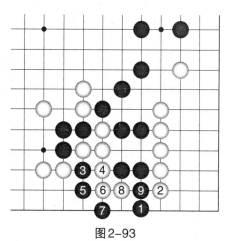

图2-93

【例46】如图2-94，白先。

解答：如图2-95，白1刺，敏锐，下一手可在2位断和3位扑，两边出棋。黑2粘，白3扑、5打后，黑棋不能在3位粘，否则白棋在A位冲，黑棋死。此处，白3不先做白A与黑B的交换是因为今后有在B位打吃的选择，官子稍好。

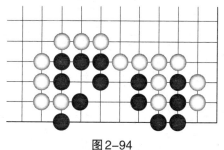

图2-94

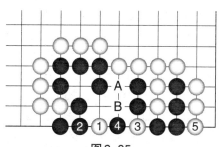

图2-95

【例47】 如图2-96，黑棋是否可以脱先？

解答：如图2-97，黑棋A、B两处开口不用封口，白棋根本进不来。白1上边飞，黑2顶是手筋，白3退，黑4挡，损失不大。过程中白3如从4位冲入，以下黑A、白B、黑C、白D、黑E，白棋被强行包紧，苦不堪言。白3如走4位冲入，黑A、白C、黑F，白棋成惨败之形。白5右侧不敢跳入，黑6挖威胁其退路，白7只能回补，黑8粘，可留下白5一子。如白7在8位打，黑棋在7位爬出，白棋中央不活，角上还需补棋。白棋要进入黑棋空之前，必须在7位附近先做准备，黑棋再在5位封口即可。因此黑棋可脱先。

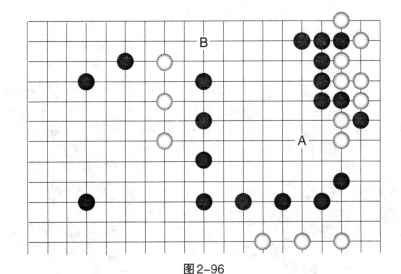

图2-96

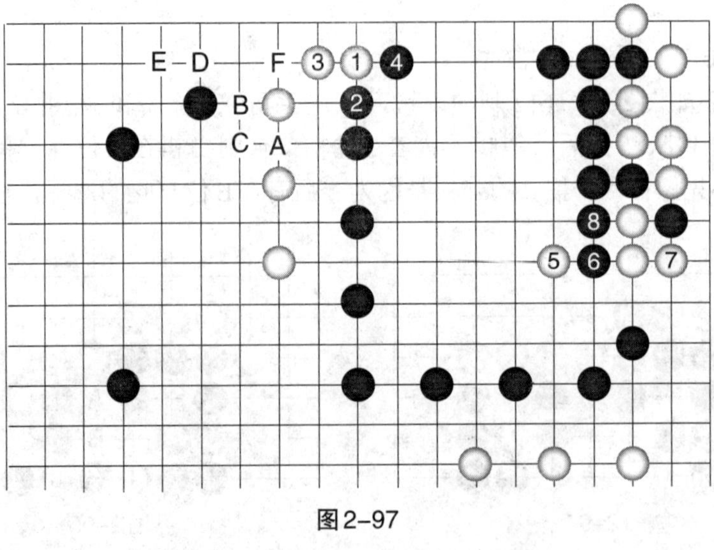

图2-97

精选手筋练习

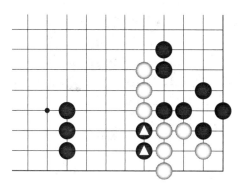

第1题 白先吃子

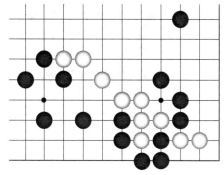

第2题 白先吃黑

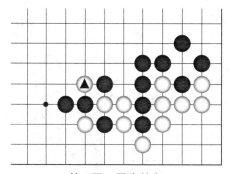

第3题 黑先补断

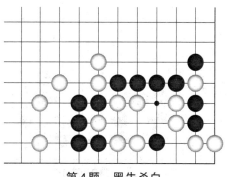

第4题 黑先杀白

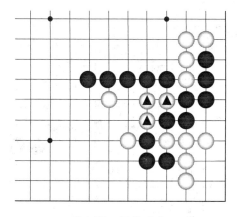

第5题 黑先吃白

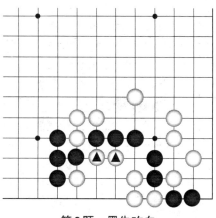

第6题 黑先吃白

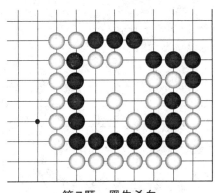

第7题 黑先杀白

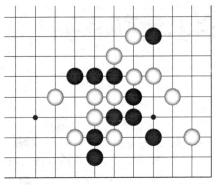

第8题 白先吃黑

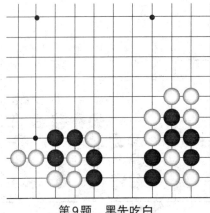

第9题 黑先吃白

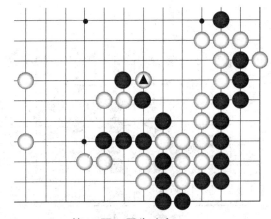

第10题 黑先吃白

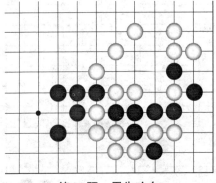

第11题 黑先吃白

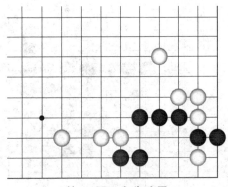

第12题 白先吃黑

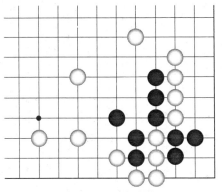

第13题　黑先吃白

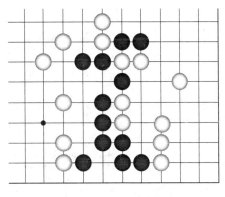

第14题　黑先吃白

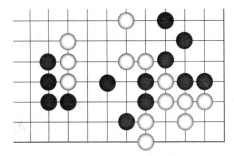

第15题　白先吃黑

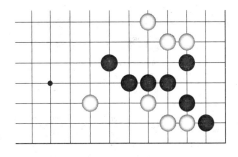

第16题　黑先分断

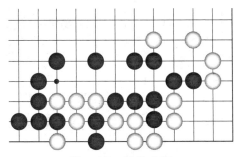

第17题　黑先分断

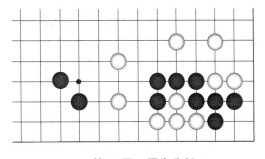

第18题　黑先分断

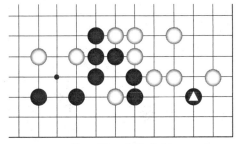

第19题　白先分断

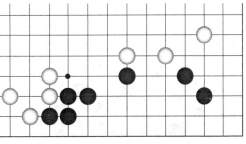

第20题　白先破空

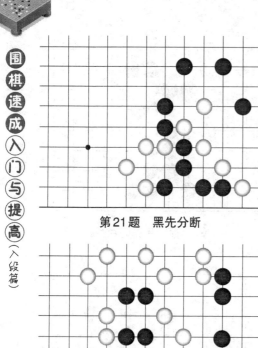
第21题　黑先分断

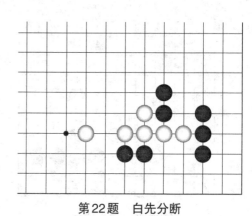
第22题　白先分断

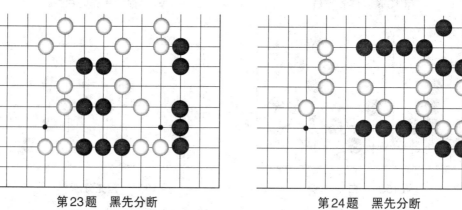
第23题　黑先分断　　　　　第24题　黑先分断

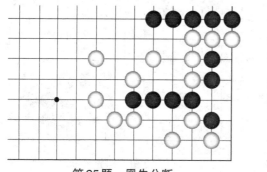
第25题　黑先分断

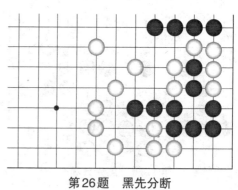
第26题　黑先分断

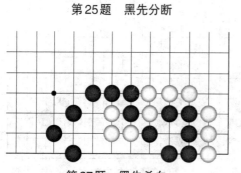
第27题　黑先杀白

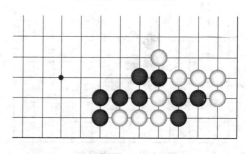
第28题　黑先杀白

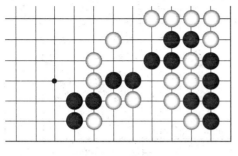

第29题　黑先杀白

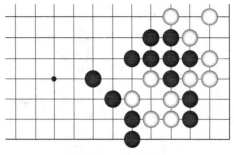

第30题　白先杀黑

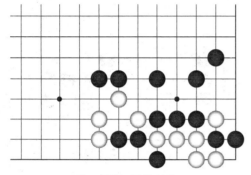

第31题　黑先杀白

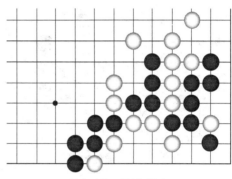

第32题　黑先杀白

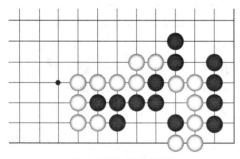

第33题　黑先杀白

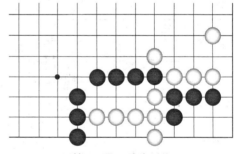

第34题　黑先杀白

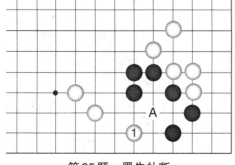

第35题　黑先补断

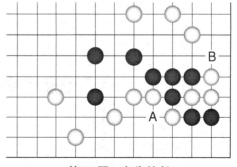

第36题　白先补断

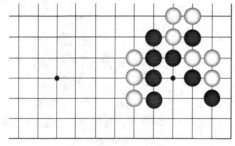

第37题　黑先定形

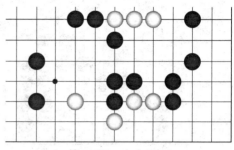

第38题　白先补断

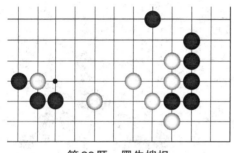

第39题　黑先搜根

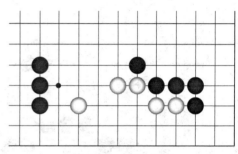

第40题　黑先搜根

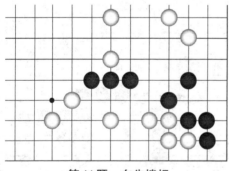

第41题　白先搜根

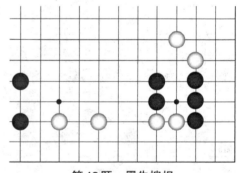

第42题　黑先搜根

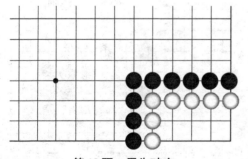

第43题　黑先破空

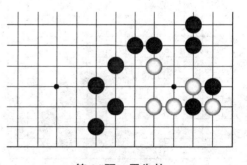

第44题　黑先劫

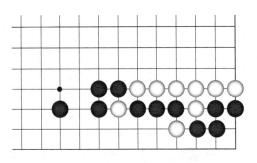

第45题　白先劫

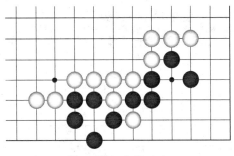

第46题　白先破空

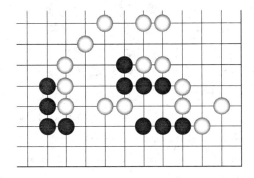

第47题　黑先渡过

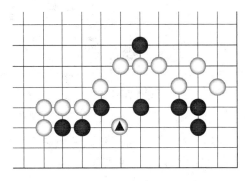

第48题　黑先联络

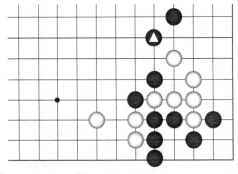

第49题　白先出头

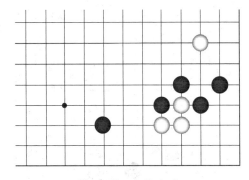

第50题　白先出头

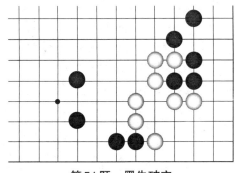

第51题　黑先破空

习题解答

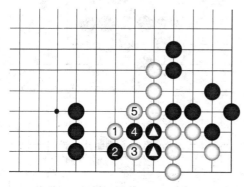

第1题解答

第1题解答：白1飞，等在了黑棋出逃的必由之路上。黑2、4如试图逃跑，将受白棋的滚包之苦。

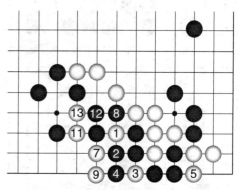

第2题解答（⑥=③ ⑩=①）

第2题解答：白1挖、3扑是本题关键。这种类似于象棋中顿挫思路的着法，十分常用。白5以下一路追击，最后黑棋被吃接不归。

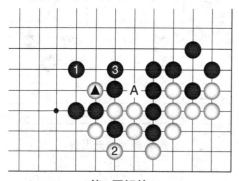

第3题解答

第3题解答：黑1单枷，保留A位与白2的交换是好棋。如白2不提，下边不能放心，而白2提时，黑棋可不走A位，改走3位，更靠近白▲一子，减少白棋对这个子的利用。

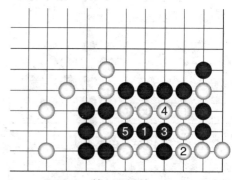

第4题解答

第4题解答：黑1挖是严厉的一手，角上白棋全体遇难。以下黑棋2位与3位必得其一，白棋毫无办法。

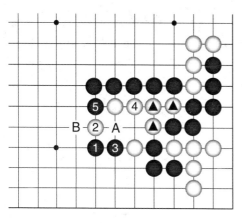

第5题解答

第5题解答：黑1好手，完全控制了白▲三子。白2是比较容易让黑棋上当的一手。黑3、5好手，白棋死。其中黑1如走3位，白棋走A位，黑棋不行。黑3如走B位，白棋走3位，黑棋无应手。

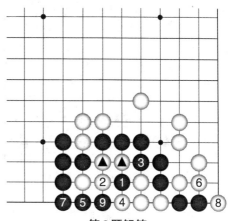

第6题解答

第6题解答：黑1是紧气的要点。白2打，黑3同样是逼白棋撞气的要点。黑5至黑9，白棋四子成接不归，被包围的黑棋成功获救。

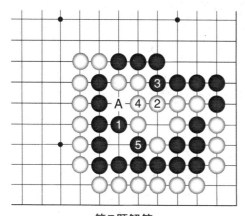

第7题解答

第7题解答：黑1是攻防要点，既对白棋有2位、4位的威胁，又可在5位做眼，保护自己。白2守时，黑棋要小心，黑棋如先走5位，白棋可在A位打，形成打劫，黑棋不好。黑3机敏，逼白4粘自撞一气。黑5做出一眼，成有眼杀无眼，白棋死。

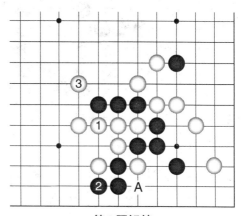

第8题解答

第8题解答：白1接，补强自己，并同时威胁上下两处黑子。下一手在3位可吃掉黑棋中央三子，或在A位挡下，利用滚包吃掉下边黑子。

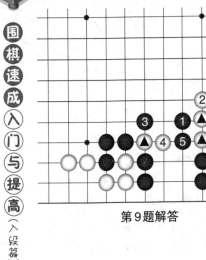

第9题解答

第9题解答：右边白⚈二子与左边白⚈一子是弱子，是黑棋当前攻击的目标。黑1靠厉害，下一手有2位、3位两处打吃，白棋必丢一处。黑1走其他点都属盲目进攻，难以成功。

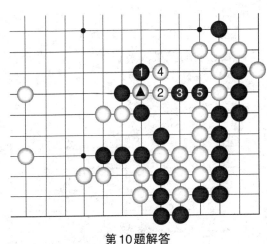

第10题解答

第10题解答：对白⚈断的无理手，黑1打是让白⚈走重的手筋。白2进退两难，不得不硬着头皮长出。黑3顶好手，4位、5位黑棋必得其一，白棋死哪边都将遭受巨大损失。

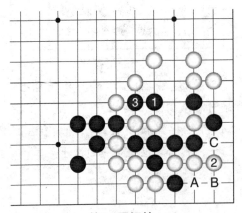

第11题解答

第11题解答：黑1好手，这手棋在做A位吃白棋二子的准备。白2护角并防二子被吃，黑3吃白棋二子棋筋。黑1不可贸然直接走A位打，否则白2立，黑B长，白C打，黑棋五子被滚打包收。

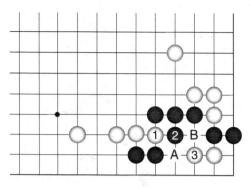

第12题解答

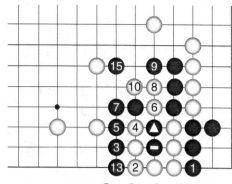

第13题解答（⑪=⑭=▲ ⑫=■）

第12题解答：白1冲是盲点，黑2挡，白3双刺，黑棋被吃。黑2如在A位退，白棋在B位直接断，黑棋两边必死一边。

第13题解答：黑1打，紧白棋一气是关键。之后黑7补，控制进攻的节奏十分重要。接下来黑11扑，白12提，黑13打，白14粘，黑15枷，白棋死。

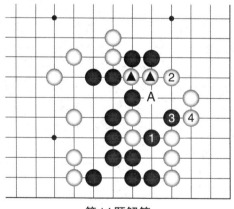

第14题解答

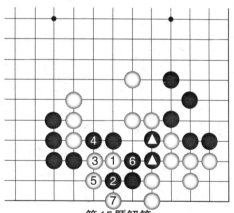

第15题解答

第14题解答：黑1保留黑棋在A位打与白2长的交换，单吃是好手。由于白▲二子重要，白2必须长。黑3扳，逼白4挡，结果黑棋先手吃白棋二子活棋。黑1走其他点吃白棋二子都是后手。

第15题解答：白1靠击中要害，切断白棋的黑▲二子已无法生还。黑2试图联络。白3长，下一手5位与6位两个断点黑棋不能兼顾。黑棋只能走5位放弃黑▲二子。如图中所示粘上二子顽抗到底，白7一线渡过，黑棋死。

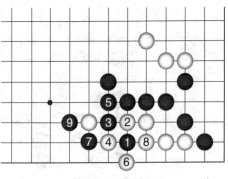

第16题解答

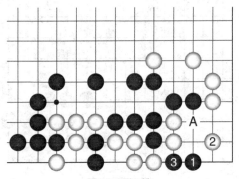

第17题解答

第16题解答：黑1跳，白2冲，黑3挖后，白棋的缺陷暴露，以下至黑9，可断开并封住白棋。黑1如走3位尖，白棋在4位扳，黑棋再走1位也可断开白棋，不过白棋可能走7位粘在外面，黑棋收获小一点。

第17题解答：黑1直击要害。白2不敢在3位粘，否则黑棋在A位曲，白棋被全歼。黑1如走A位曲，白2仍跳，可简单渡过。

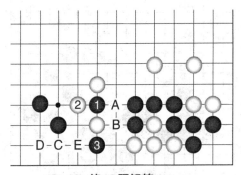

第18题解答

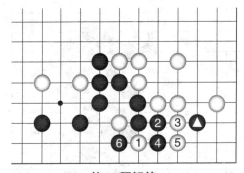

第19题解答

第18题解答：黑1挖，好棋，虚晃一枪，目的是白2打时，黑3夹，吃白棋下边四子。白2如在A位打，黑棋同样走3位夹。白2要想救白棋右边四子，只能走B位顶，接下来黑A、白C、黑D、白E活棋。黑棋先手走强角上弱子，可以满意。

第19题解答：白1扳，多弃一子，可先手断吃角上▲一子。白1如在4位或5位跳，虽然目数上多出几目，但落后手，不能满意。

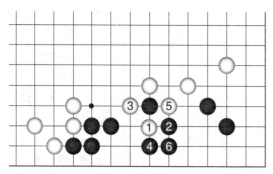

第20题解答1

第20题解答1：白1夹，好棋，黑2、4、6拼命防守，结果白5先手提一子收获极大，可以满意。其中白1如在3位扳，黑棋在1位退可轻松防守。

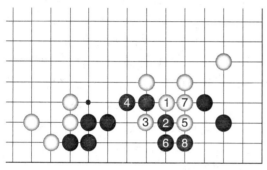

第20题解答2

第20题解答2：如白1鼓，黑2扳，至黑8拐，黑棋联络，损失不大，白棋右边气紧，棋形不好。

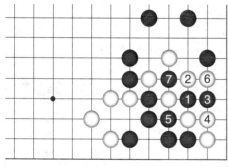

第21题解答

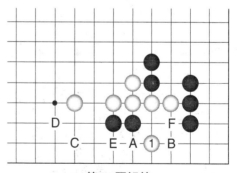

第22题解答

第21题解答：黑1挤，白棋气紧的弱点完全暴露。白2打、4接是最强的抵抗。接下来黑5打吃、白6反打成劫。黑7先手提劫，这里白棋如输劫，损失相当大。

第22题解答：白1跳，以下黑A、白B、黑C、白D，黑棋不行。如果白1改走A位夹，黑棋在E位曲是好棋，下一手黑棋在F位冲断与在D位大跳出头二者必得其一，白棋不仅制服不了黑棋二子，黑棋二子反过来还对白棋构成很大威胁。

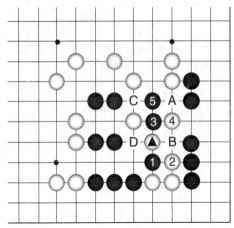

第23题解答

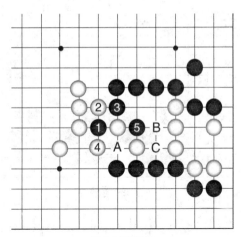

第24题解答

第23题解答：黑1挖，是思路清晰的好棋。白2打，黑3挤严厉，白▲子和白2一并被吃。如白4打，黑5长，A、B两点与C、D两点，黑棋分别可得其一。因此，白棋正确的下法是当黑1挖时脱先，弃去三线二子。

第24题解答：黑1挖，白2打，接下来黑3断、5挤，白棋被吃；白2如走4位打，黑棋在A位断，之后不管白棋走2位或3位，黑棋都走B位靠，由于有C位和5位两处断点，白棋被吃。

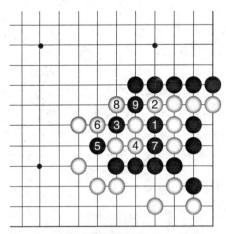

第25题解答

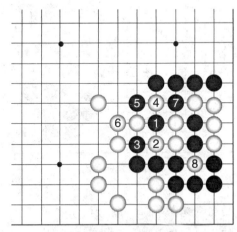

第26题解答（❾=❶）

第25题解答：黑1挖是常见手段，黑3挤是手筋，保留了7位、9位的两个变化，十分巧妙。白4如接，则黑5挡，以下至黑9断打，黑棋成功吃掉白棋。

第26题解答：黑1挖、3断只此一法。接下来黑5挤是漂亮的手筋，保留了黑7与白8的交换，因此白6只能粘。黑7再打，白8提，黑9开劫。

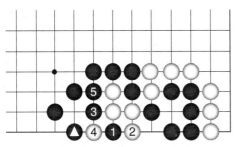

第27题解答

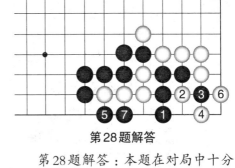

第28题解答

第27题解答：黑棋要防止白棋占1位做劫。由此可想到黑1的妙手，白2打，黑3紧气，至黑5成有眼杀无眼。

需要注意的是：如果没有黑▲一子，黑1托不成立。

第28题解答：本题在对局中十分常见，黑1立是宽气的要点。白2紧气，黑3打，阻止白棋紧气。白4打，黑5紧气，以下至黑7，白棋被杀。

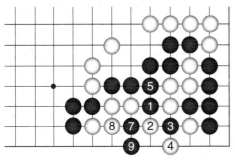

第29题解答（⑥=❸）

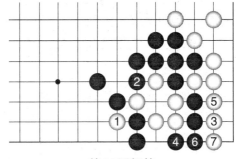

第30题解答

第29题解答：黑1挖，白2挡后，黑棋下一个攻击点是在7位断，但黑棋明显气短。黑3扑可再减少白棋一气，黑5打，白6粘，至黑7断、9立，成金鸡独立，黑棋终于快一气杀死白棋。

第30题解答：白1断，在黑棋的退路上设下埋伏，白3、5追击，至白7，黑棋四子接不归被杀。

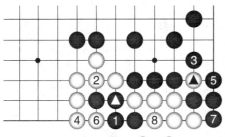

第31题解答 （❾=▲）

第31题解答：黑棋三气，白棋有▲一子，故白棋有四气，黑棋气短。黑1接，往倒脱靴吃子手段上考虑。白2补断，黑3以下紧气，至黑9成倒脱靴，白棋被吃。

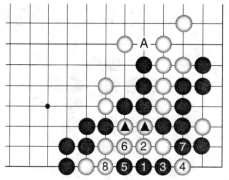

第32题解答（**9**=**1**）

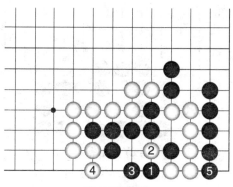

第33题解答

第32题解答：黑1如走7位或3位紧气，对白▲二子棋筋不构成直接威胁，白棋直接在A位紧气即可杀黑棋。黑1如走5位、6位或8位，白棋只需在2位接，黑棋外面四子即气短被杀。而黑1点是好手，以下黑3贴、5长，着着紧盯白▲二子，至黑9点，白棋死。

第33题解答：黑1挡，好棋。白2扑，以为是妙手，但黑3退又是好手，之后无论白4下哪里，黑5紧气即可杀白棋。如黑1走3位，白棋则在1位顶，以下将形成双活或打劫。

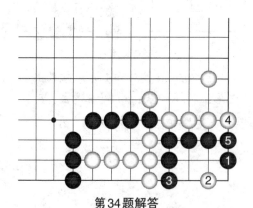

第34题解答

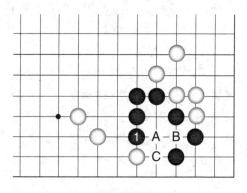

第35题解答

第34题解答：黑1是急所，白棋两边都不能缩小眼位了，白2必须马上点眼。黑3挡，完成大眼位。白4立，黑5挡。黑棋角上刀五目前有七气，白棋有六气，黑棋多一气杀白棋。

第35题解答：黑1顶，护住眼位，还威胁着白棋的退路，是当然的一手。如黑1脱先，白A刺，黑B粘，白棋在1位或C位团将对黑棋整体构成威胁，黑棋不好。黑1如走C位，白棋在1位顶还是先手。

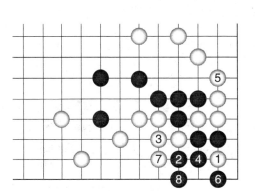

第36题解答

第36题解答：白棋A、B两处都是断点，都要补断。白1夹，是实战中经常用到的手筋，猛攻黑棋角上二子，使黑棋无暇走3位、5位来断白棋。黑2打，帮白棋补上了3位断点。黑4粘时，白5连。黑6、8还需后手做活。

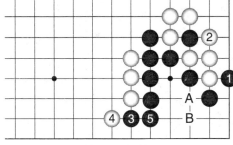

第37题解答

第37题解答：黑1先交换一手，再3、5扳粘，角上A位断点已不再要紧。今后白棋在A位断，则黑棋在B位滚打，白棋无趣。

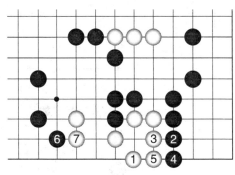

第38题解答

第38题解答：周围黑子很多，白棋必须小心。白1倒虎，一手棋即成两眼。黑2如走3位，白棋在2位断，黑棋损。

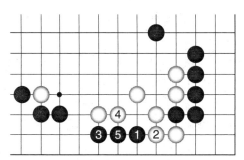

第39题解答

第39题解答：黑1刺，下一手有2位断与3位退回两个出路，可轻松破坏白棋根据地。

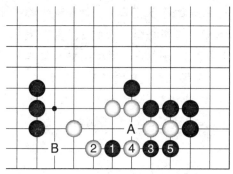

第40题解答

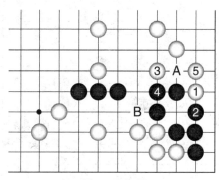

第41题解答

第40题解答：黑1点，深入白棋中心地区，白2尖，阻断黑棋左边退路。黑3托，好手。白4挖，防A位的断。黑5打，下一手白棋在A位粘，则黑棋在B位尖还可继续攻击。

第41题解答：白1托，击中要害。黑2挡无奈，白3刺步步紧逼，黑4团忍气吞声。白5退，黑棋目数、眼位损失殆尽。黑2如在5位反击，白棋在A位断，黑棋在2位打，白棋在4位打，黑棋提，白棋在B位断，黑棋中央三子危险。

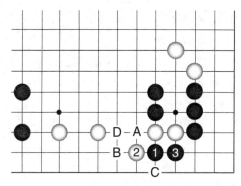

第42题解答

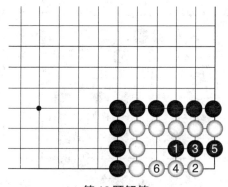

第43题解答

第42题解答：黑1夹，下一手有A位与3位两个好点，黑棋进退自如。白2挡，黑3退，白棋需后手补棋，黑棋心满意足。白2如在3位反击，以下黑棋在A位断，白棋在2位打，黑B反打，白C提，黑D粘，白棋被一刀两断，成为裂形，形势更加艰难。

第43题解答：黑1靠是好棋。白棋占2位，黑3冲。白4如走5位，黑棋下4位后依然有劫，因此白4贴。黑5贴，白6粘防扑，如此是双方最好的应对。本题是角上板八的标准图，结果是黑棋先手双活。

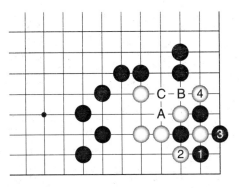

第44题解答

第44题解答：黑1反打厉害，白2只能提，黑3再打，白4反击，黑5提成紧气劫。白棋的劫相当重。白2如在3位立，黑棋在2位粘，白棋在4位打，以下黑A、白B、黑C，结果依然成紧气劫。

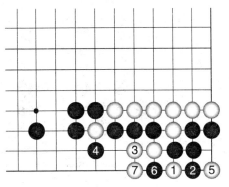

第45题解答

第45题解答：白1厉害，往往在小官子阶段，白棋形势稍稍不利的情况下，如发现了这一手段，可以立即翻盘。黑2挡，白3至白7成劫。黑2如走5位或3位，白棋可走4位或7位，也是劫。

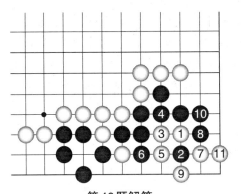

第46题解答

第46题解答：白1靠是不容易一眼看出的严厉手段，下一手有10位扳和6位贴。黑2夹是最顽强的抵抗，既防白棋从6位渡过，又防白棋在10位连接。白棋也只能3顶、5曲，以下至白11，在角上活棋，掏掉了黑棋角上的目。

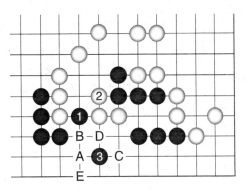

第47题解答

第47题解答：黑棋利用白棋联络上的弱点，先在1位挖，白2曲，黑棋再在3位飞可实现联络。黑1如单走3位飞，白棋A跨，黑B冲，白C再跨，黑棋将被分断。黑3以后白棋如仍在A位跨，黑D顶，白B断，黑E打可渡过。黑1挖时，白棋如在B位打，黑棋在A位顺势打吃可愉快渡过。

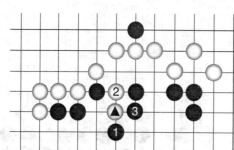

第48题解答

第48题解答：黑1托，绝好的防守手筋。白2退回，黑3挡，目数几乎没受什么损失。其中白2如从3位往里冲，黑棋下2位可断其退路，作战白棋不利。

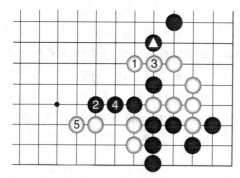

第49题解答

第49题解答：白1跳是愉快的出头好手。黑棋不敢在3位断，只能走2位，最大限度地压迫下边白棋。白3、黑4各自补棋，白5再长出，黑棋成为裂形。

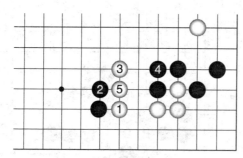

第50题解答

第50题解答：白1靠，保持好的棋形，同时对两边黑棋弱子都有威胁，是常用的出头好手。以下黑2长时，白3跳又是好棋。黑4只能接，白5也接，白棋顺利出头。

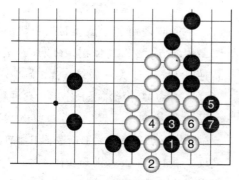

第51题解答

第51题解答：黑1夹，攻击白棋弱子。白2、4走强后，黑5扳，白6、8节节败退，黑棋先手获利，可以满意。

第三章　高级定式

定式就像双方在进行武术比赛，攻、守、进、退、分、合、虚、实之间既有套路，又有根据周围不同情况的临机之着，里面既包含丰富的棋理，又有复杂的计算。定式中的棋，没有差着，全是耐人寻味的好棋、妙手，学习定式、理解定式、灵活运用定式与做死活题、手筋题一样，是提高围棋水平的一条捷径。

棋手要达到入段的水平，应当能够比较熟练地运用二三十个定式，如果想更进一步，则不但要学习这些定式的正着，还要学习它们的变着。这样不仅可以随心所欲地布局，还可以在对方突然改变常规定式下法、寻求突破之时，做到自如应对。

切记：学习定式不能全靠死记硬背，要通过对每一步棋的理解和清楚整个定式在什么场合运用，做到全面理解。

一、小目定式3组

1. 小目一间高挂上靠定式

定式前说明：注意行棋方向与手法。

如图3-1，黑1小目占角，之后的行棋方向是守角及向上边、右边发展、扩大。白2的进取方向也是右上抢角、上边拆边及右边夹攻或封锁。黑3如走A位则固守右上角；走B位夹是看重上边；而走C位或3位，显然是将发展的重点放在了右边。黑1与白2相互对峙，变化丰富。而黑3与白2靠在了一起，这种贴身战法，很容易迅速将白2一子走强。黑3是本组定式中决定今后走势的关键一手，下面重点说明。

【定式1】

如图3-2，白4扳，黑5退，白6虎后，黑3帮着对方变强，是贴身战法的弊病，通

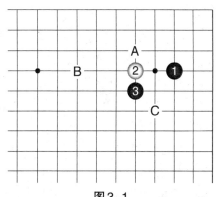

图3-1

常我们称这种助敌下法为俗手。这样下的结果是双方各自明确了发展方向，只要围空就可以了，很难对对方构成攻击。这个变化使局面简单化，失去了使局面趋向复杂、激烈的战斗性变化，有俗手之嫌，但在一定的布局设计中亦有其可取之处。

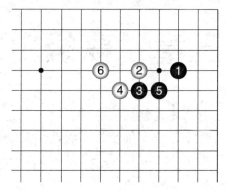

图3-2

如图3-3，接下来，双方争抢中央，结果上边是不是就成了白空、右边就成了黑地呢？并不见得，双方都在张势而并没有落实为实空。

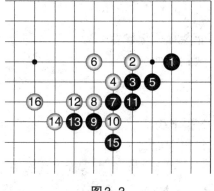

图3-3

【定式2】

如图3-4，定式2是白4转向抢角，即转向了边角实地的争夺。白4托，轻灵地进角是好棋。如走5位顶，黑棋在A位挡，白棋就把黑棋外面撞强了，也把自己的气撞紧了。黑5的缺点是加强了白4，有俗手味道，优点是弱化了白2，但美中不足的是没有让自己得到全面的加强。总之，双方谁走5位都有俗手味道，黑棋走略好，可在一定程度上保护黑1、攻击白2。白6挡，顺势联络，是正常的一手。黑7挺头，是本定式重点学习的手筋：这手棋极好地控制了中央；扩大了右边；严重伤害了白2一子；限制了白棋往下边的发展；还强化了黑1、5二子。白8守，自然之形。黑9二路小尖，补上A位断点,并且留下进角的大官子和眼位,是厚实的一手。黑9也可直接在B位靠封、C位飞封或11位附近直接拆边。白10与黑11各自拆边,定式结束。

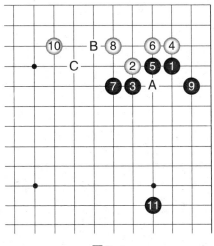

图3-4

【定式3】

如图3-5,定式3中黑5单退是手筋,白6长,防黑棋封锁,注重上边发展,是正常思路。黑7、9利用自己的强势与白2、4之间的联络弱点连续压,逼白8、10后退,使黑棋成为绝好的厚实棋形,黑11攻角,逼白12后退,取得便宜后黑13拆边。本定式黑5后一气呵成,形成了良好的棋形结构,但白棋下法合理,也并不吃亏。局部今后有A、B两个好点:A是双方争夺实地的要点;B是双方势力此消彼长的要点。

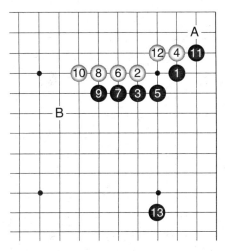

图3-5

2. 小目大飞挂定式

定式前说明：注意小飞挂角和大飞挂角的区别与对方势力圈意识。

如图3-6，白2小飞挂角，从所处位置特点来看，双方彼此活动空间小，对对方压力大，形成的战斗一般也比较复杂、激烈。如果黑3夹攻，之后A位附近很容易将白棋一子封锁。

如图3-7，白2大飞挂角，双方彼此距离远，活动空间大，相对压力与威胁要小一些，尤其是对白棋来说，如果黑角周边黑棋的子力较多，则白棋要有在黑棋势力圈中行棋的意识，大多会选择大飞挂角，认为白棋这一下法安全性要高一些。之后即使黑3夹攻，下一手A位附近也较难封住白棋。总之，白2远一些挂角是避免战斗，同时让自己更安全一些。

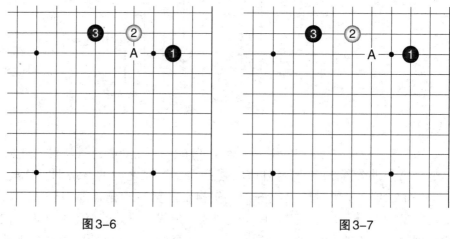

图3-6　　　　　　　　　　图3-7

如图3-8，白2大飞挂角，黑棋的应对策略主要有三个：A位守角，是最

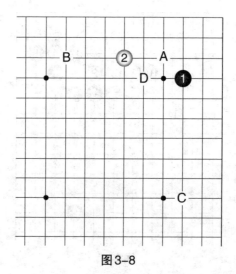

图3-8

简单的以获取角上实地为目的的下法；B位一带夹攻，是以上边为主要发展方向的选择，下一手白棋通常夺角，获取角上实地；在C位一带有子的情况下，走D位跳，直接立体化发展右边。

【定式1】

　　如图3-9，黑3紧夹，在重视上边的同时兼顾中央的发展与控制。白4抢角，这里关系着双方实地出入与根据地，与星位点角意义相近，是有极高价值的一手棋。黑5反击，白6切断，黑7、9两面打，加强了白4、6两处，同时重伤了己方黑1一子，然而黑1一子没有死净，牵制着对方的各种行动，今后的利用价值还很高，不容忽视。黑11接，重伤白2一子，为今后上边的发展及中央的争夺奠定了基础。黑1、7与白4都为弱子，白12就成了强己伤敌的必然下法。黑13是利用黑1一子强行压制对方扩大并且使自己向中央扩张发展的重要手筋，是本定式最值得学习的一着棋。白14冲给对方留下A位的断点，再16补牢，是永绝后患的干净手法，也值得学习。黑17重视上边。如注重中央及顾忌白棋右边的发展，也可以走A位粘。最后强调一点：黑7、9的顺序要注意，如先在9位打，再在7位打，白棋极有可能在11位断，反击，转向外面，结果对黑棋不利。

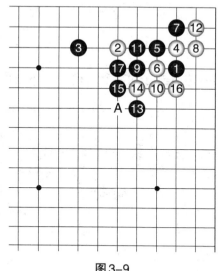

图3-9

【定式2】

　　如图3-10，黑3在一间低夹之外的其他位置夹，黑13就不能在14位封锁白棋了。黑13拦也是利用黑1之子很好的一手，可获得右边的一些控制权。白14出头关键，利用白2一子策划着在上边黑棋阵地中反击。黑15补干净，白16压，黑17跳，加强黑13一子，棋形端正，其作用可兼顾四方：

既能利用到黑1一子，又能快步往右下边发展，今后往中央出头也能快速畅通。白18夹，防黑1一子的各种利用手段，又尽量大地围地，还攻击右边黑棋二子。黑19拆，由于今后还有在A位扳利用白18整形的手段，右边黑棋阵地比较牢固。

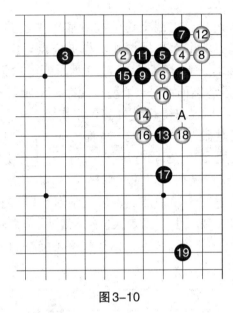

图3-10

【定式3】

如图3-11，在黑棋右边有一子时，黑2跳，立体发展右边，并且严重威胁

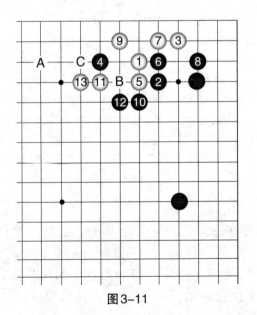

图3-11

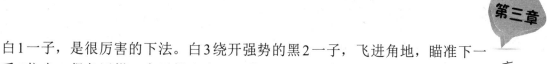

白1一子，是很厉害的下法。白3绕开强势的黑2一子，飞进角地，瞄准下一手8位尖，得角活棋，令黑棋有力无处使，是想法很好的一手棋。黑4如走8位守角，与白3交换明显被便宜，因此黑4于上边夹攻，令白棋活动空间变窄是不错的下法。白5出头必然，由于黑2、4较弱，黑6直接走10位封锁的下法有些勉强，因此黑6、8护角，还使白棋留下9位刺的缺陷。白9如走10位挺出头，也并无不可，只是被黑棋在9位刺，白棋眼位十分缺乏，因此白9虎，护住眼位，是很扎实的下法。黑10挡，边封锁白棋边扩大右边，白11压，黑12长是急所，威胁白棋弱点，加强黑10弱子并往中腹一带张势，是必下的一手。白13长好棋，棋形牢固，既控制住了黑4一子的活动，又保证了今后往中央方向出头的顺畅，值得学习。定式暂告一段落，今后黑棋在A位逼，利用黑4一子及白棋的B位弱点，逼白棋在C位补，获得一些先手便宜是黑棋的权利。

【定式4】

如图3-12，黑4是近年来研究的新定式下法，意在利用白1、3之间联络上的弱点，快速将白棋封锁。白5加强白1一子，寻找机会突破黑棋封锁。黑6连扳，不给白棋喘息的机会。白7冲，黑8挡，黑棋断点不少，但白棋没有合适的冲击手段，三处断点都不能断。因此白9、11只能利用黑棋的断点于二路低位出头。黑12虎补，准备在A位跨。白13尖，防黑棋在A位跨。黑14挤，逼白15接，获得先手，定式告一段落。白9如于10位断将成图3-13；白9如于B位断将成图3-14。黑14、白15后，将来白棋如在C位扳，将成图3-15。

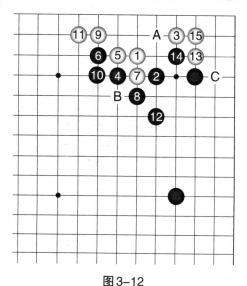

图3-12

如图3-13，白棋从1位断危险，黑棋顺势补上2位断点，极有价值，白3打，黑4长后，白棋无好手。如白5挡，黑6冲，白棋不好；而白5如走A位，则黑棋在5位曲，白棋更不行。

如图3-14，白棋在1位断打是坏棋，帮黑2补上最要紧处的断点，还将自己置于危险境地。以下白3打，黑4长，继续伤害白1一子。接着白5打时，又遭遇黑6包打，以下至黑8，白棋损失巨大。因此，就结论而言，白1走3位断好一些，以下黑1、白5、黑6、白7、黑8，结果仍为黑棋优势。

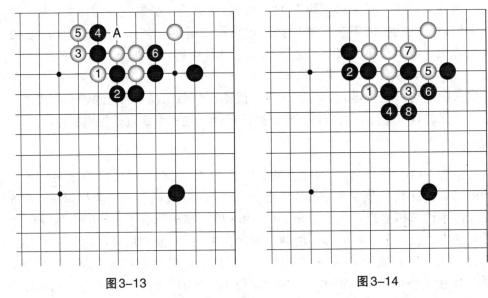

图3-13　　　　　　　　　　　　　图3-14

如图3-15，白1扳，黑2扳入，白3、5只能打吃，黑棋乐得在4位接、6位挡，封住白1。其中白3如走A位打，黑4接，则白棋上边联络被切断，上边与右上角白棋不得兼顾，白棋不好。

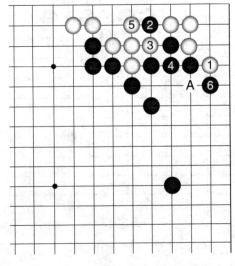

图3-15

3. 小目小飞挂一间低夹定式

定式前说明：积极的战术运用意识与正统的下法思路不同。

【定式1】

如图3-16，白2最大限度地靠近黑棋角地，黑3最近距离地夹攻白2，彼此给对方都不留余地，形势相当紧迫。白4压，是声东击西的战术，白棋贴身攻击一边，是想在与这边的纠缠中加强自己，然后集中火力攻击另一边。黑5按"逢压必扳"的格言反击白4一子，是最紧凑最强的下法。白6退，白棋已经变强，下一手就可A位附近围攻黑1一子了。黑7普通情况下应该在9位虎补断，现为了顾全大局，走7位拆加强黑1一子。白8断，吃掉黑棋一子，迅速做活，收获不小。黑9打、11接，先手利用黑3一子。白12后手补不可省。至此定式告一段落，今后黑棋可在B位围角地兼攻白棋或在C位拆，安定上边，这两处都很大；白棋则可在D位进角或在C位一带夹攻，两处同样重要。

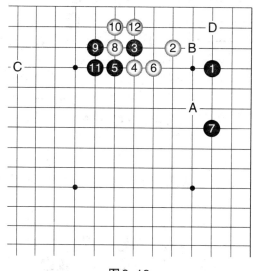

图3-16

【定式2】

如图3-17，白6长出，是对【定式1】中白6做一点改进。黑7长，攻击白2、4之间的联络弱点，同时加强黑3弱子。白8长，加强白2一子，棋形挺直。黑9飞，加强黑1兼扩张黑势的同时，继续威胁着白棋的联络缺陷，这手棋也可走25位拆一或再大一路。白10补断，本形是A位双，白10压是为了下一手可在11位包围黑棋，逼黑11长，这两手交换白棋亏了不少，但白棋可抢占20位的夹攻，如果白10老老实实地走A位补，黑棋在上边抢先拆边，白棋两边都攻不到，战术上将落空。白12先压缩黑角，这手棋也可直接在20位夹攻，只是有些担心黑棋在B位先跳一手,要求C位联络,白棋如在C位立分断,感觉与B位交换被黑棋围了角地占了便宜。因此白12先压缩角地再在20位夹攻。黑13挡。白14断是弃子手筋,这手断对黑棋威胁很大,黑棋只能去吃这个子。白16、18连打取得先手利用,白20夹攻严厉,受攻的黑棋只能向中央艰难出头,其中黑23如走跳压或扳,都会被白棋在23位毫不留情地断开,黑棋将损失惨重。白24、26再加以利用,使白棋变强一些后,可在D位或E位直接攻击上边黑棋,也可在F位或G位先加强上边白棋,之后再攻击黑棋。

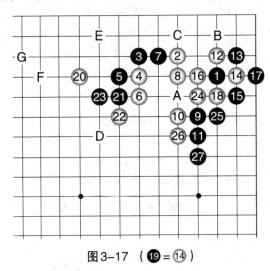

图3-17 (⑲ = ⑭)

【定式3】

如图3-18,白4飞压,贴近黑1,这是主攻黑3的意思。黑5如于A位

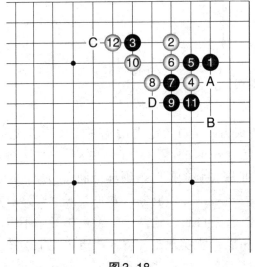

图3-18

长，白棋在11位长，黑棋在B位跳出头，白棋一样转身于上边C附近夹攻黑3一子。现黑5、7冲断，是反击的下法。白8打、10虎出头，黑11收兵，白12扳，双方各吃住一子。今后D位压是双方争夺的要点，谁占到这个点，不但势力消长作用很大，而且被对方吃住的一子其利用价值将大幅上升。

【定式4】

如图3-19，黑11扳，舍不得上边归白棋所有。白12如在33位断，黑棋在A位、B位连打两手后，在13位粘，白棋再吃掉黑3一子，也是可以选择的下法。现白12、14连压，走畅中央，是想马上出动右边白4一子。白16跳是出动白4一子的手筋，如黑棋在18位冲，白棋在C位顺势长出，会严重伤害到黑7、9二子。黑17跳是好手，下一步19位托过与C位吃掉白4一子，两个好点必得其一。白18接，补强，为下一步攻击黑7、9二子做准备。黑19以下至25，边、角得以联络，其中白20、22冲是为了制造黑棋断点，便于今后利用断点撞紧黑棋气，在角上多获取一些便宜。黑23机敏，先攻击白24处断点，逼白24粘，再25渡过，确保了安全联络。白26、28通过逼黑棋后退，加强中央这块棋的眼位和出头，是当务之急。白30、32利用断点先断开黑棋。白34以下至38，利用30、32二子攻击黑角。黑35至39被逼步步后退。白40拆边，确保活棋。至此，双方各占一边，以下将展开中央两块棋的攻防。白34、黑35是好手：白34如先走36位，则黑棋可在34位挡住，白棋进不去黑角。而黑35如走36位冲，白棋在38位贴，黑棋将差一气被吃。另外，黑35如走37位，白棋占到35位，黑棋难办。

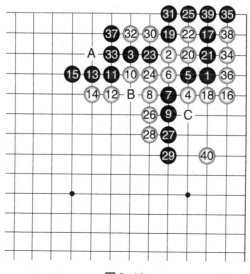

图3-19

二、目外定式1组

定式前说明：大斜定式的由来——强行封锁与反封锁。

目外位置的特点是舍弃一些实利，选取好的方向，持有主动积极的态度，之后的趋势复杂多变。目外定式好的方面是有较强的方向性、多变性、主动性。不利的方面是稍损实地。

如图3-20，黑1占据目外位置，其位置的特点是处于角外，离右边近，这样下是看重右边的发展。白2挂角时，黑棋有3位飞压来扩张右边规模、继续构筑中央势力的下法；也可以在6位方向直接夹攻，逼白棋往中央方向出头，也是十分有力的下法。

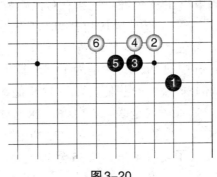

图3-20

如图3-21，黑3大斜（大飞），显然是想让白2一子从上边与中央方向都出不了头，是非常积极的下法。之后双方有多种攻防选择，会出现很多复杂变化，故棋界很早就有大斜百变及大斜千变的说法。

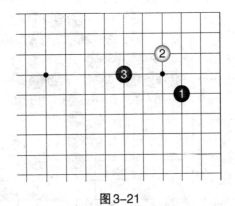

图3-21

【定式1】

如图3-22，其实白棋突破黑棋封锁并不难，白4并是第一种出头方式，目的是向中间出头。下一手有A位压和6位跳两个出头好点，黑棋无法兼顾。黑棋如在5位封锁中央，白6跳向上边，黑7拆形成简单的定式。今后白棋有在B位并的防守好点，备战上边及中央；也有在C位并的好点，准备从右边D位打入破坏。而黑棋今后在这里抢先动手可选择在E位逼或F位跳封，这两个选点都令白棋难受。

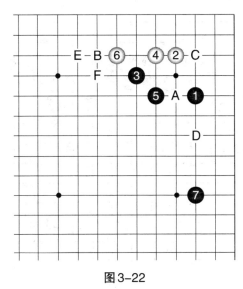

图 3-22

【定式2】

如图3-23，黑5挡，白6压，顺利地往中央出头。黑9至13加强黑1一子，威胁白棋角上根据地。白10至14保角，照顾目数及眼位。黑15、白16分别活棋。白16也可在A位附近直接夹攻挑起战斗。

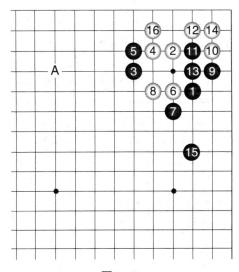

图 3-23

【定式3】

如图3-24，白4虚晃一枪，看起来是冲击中央，其实是为下一手于上边出头做准备工作，这是白棋第二种出头方式。白6至12顺势从上边出头。黑13得到右边拆边，也可满足。

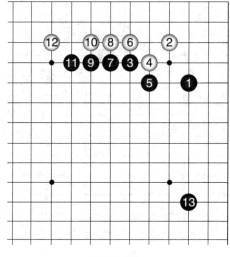

图3-24

【定式4】

如图3-25，白4托，往上边虚晃一着，其实是想向中间出头，这是白棋的第三种出头方式。黑5挡时，白6往中央出头。在黑3、5两子很弱的情况下，黑7、9只能加强上边，白10飞压，可冲出黑1、3的包围。

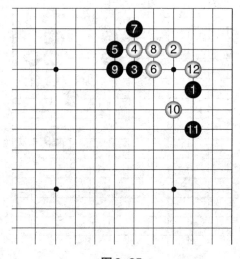

图3-25

【定式5】

如图3-26，白4强行突破，正面应战。黑5挖，坚决不让白2、4取得联络，白6左边打，试图连接。白8上边接，下法较简单，以下至黑15，双方各吃一子，黑棋获得不少实地而白棋先手得到外势，结果大致相当。

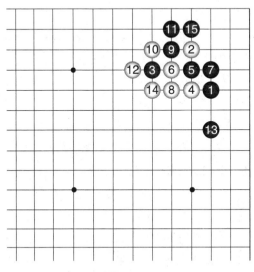

图3-26

【定式6】

如图3-27，白8看重角上白2一子，实地上要好于【定式5】。黑9断打，白10长，各自将对方切断。黑11重要，不仅是双方得到角上实地的要点，同

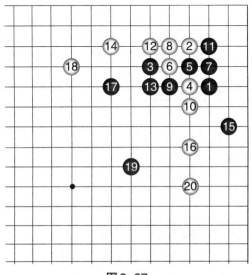

图3-27

时还是双方获得根据地的要点。白12、14加强白棋上边三个弱子；黑13接，加强黑9一子；黑15继续加强黑角，威胁白4、10二子。白16以下各自加强弱子，定式告一段落。

【定式7】

如图3-28，战术意图引发连锁反应。黑13长，厉害！暗藏在14位连续压，逼白4、10二子退的先手，气势汹汹，封锁白棋上边四子。由于黑棋于14位连压，逼白棋四线长从实地上很吃亏，因此在白棋上边态度不明之前黑棋不宜先走。白14打吃，使黑棋棋形扭曲难看，气也变紧，再在16位强行贴出作战。黑17挡，好棋，通过威胁白棋三子，一边加强自己，一边做好强行封锁上边白棋的准备。白18一边加强自己，一边攻击黑角，间接增援上边白棋。黑19、21连扳，厉害。白22、24攻角，宽出上边白棋五子一气，是为了28、30突破上边黑棋封锁做准备。白22如果直接在28位、30位打出，黑棋在A位断可吃掉上边白棋五子。黑25、27活角，并威胁右边白棋四子，如果黑棋不走，白棋在27位扳，黑角被吃。白28至30解救上边。黑31是本定式最后的要点，白棋右边四子暂时脱不了身，如白棋在B位接，黑棋在C位靠；又如白棋在C位虎，黑棋在D位尖，白棋在B位粘，黑棋在E位飞，白棋不行。

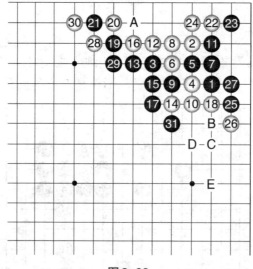

图3-28

【定式8】

如图3-29，近战中要把握棋形要点。白16飞，绕路而行，避开黑棋封锁。黑17出头，攻击右边白棋三子。白18是近战中宽自己气、紧对方气的相关双方棋形的要点。黑19宽气并瞄准下一手21位攻与23位防守，也是近战中重要的棋形要点。白20小尖出头，重要。黑21跨，厉害。白22夹，目数与眼位受损，但确保了左右两边的联络，是正着。白22如走A位冲，黑棋在B位断，白棋左右将有一边被吃。黑23扳三子头，关系双方气与眼位，是当前攻防要点。白24跳，守住三子正中位置，是本手。黑25拆，抢占实地。以下26至32双方各自整形，定式告一段落。其中黑27连扳好棋，白28如断打，将遭到黑棋滚包，白棋不好。另外，黑25也可选择走28位，加大对中央的控制和对上边白棋的威胁。

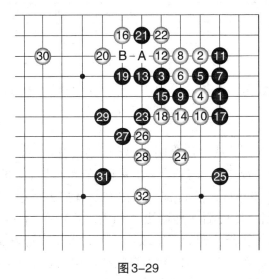

图3-29

三、高目定式1组

高目占角的位置偏向角外的一边，因此其特点第一是侧重这条边的经营和发展，在某些场合谋边更重要时，可选择更接近某一条边的高目下法；第二，高目位置高，对中央影响较大，要张中央势力时也常常采用；第三，高目的位置处于角外，就像采用了空城计，引诱对方来抢角，然后对对方进行封锁，获取具有巨大发展前景的外势。

虽然高目的下法积极，但其缺点与不足也不容忽视：角上实利让与对方，一旦所形成外势利用不好，在今后的发展中遇到阻碍或战斗中被敌人破坏，不能发挥出其应有的威力，也很容易在实地上落后。

定式前说明：主动地获取外势。

如图3-30，黑1占据高目，角部空虚。白棋来挂角的下法通常有A、B、C三个选点。B位较为深入，从实地上讲不错，但很容易被黑棋在C位封锁，从反攻黑棋来说也明显要差。C位不敢深入角地，黑棋下B位可将角拿回去。因此白棋A位不偏不倚，最常被采用。

如图3-31，白2挂角，黑3封锁，对角上白2一子进行围攻。除黑3飞封锁之外，A位、C位都是常见应法，B位、E位的夹击及F位的特殊应法都可以选择。

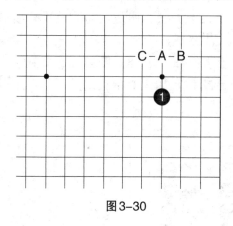

图3-30

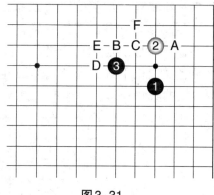

图3-31

【定式1】

如图3-32，白4托，从上边突围。黑5挡是最强的下法，同时也伴随着很大的风险。白6断，反击，黑7打、9长是征子有利情况下的手筋，也是本定式学习的要点。白10拐打，黑11征子，白12、14扩大角地，同时防黑棋进角，不得不下。黑13挡、15虎后，外势更加强大。由于今后白6在征子有利时还可能逃出，从而对黑棋外势构成严重破坏，因此黑棋在这里还欠着一手棋，整体上白棋并不吃亏。今后白6可能被黑棋吃掉，但白6牵制了黑棋较多的子力，这会对全局产生有利的影响，战术上十分成功，这也是本定式需要重点理解的地方。

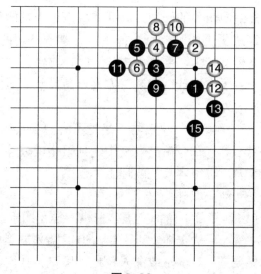

图3-32

【定式2】

如图3-33，黑5潇洒地长，白棋也出不了头。白8、10托退，扩大了角地，也壮大了黑棋外势。今后右边及中央是双方经营发展与限制破坏的重点。

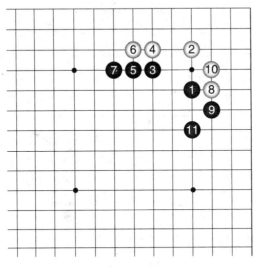

图3-33

【定式3】

如图3-34，黑11是高明的一手，下一手要冲断白棋。白12接，被动防守。此时白棋已不敢轻易断开黑1、9二子，黑棋可在13位附近快步开拆，今后再在合适的时候加强黑9一子。

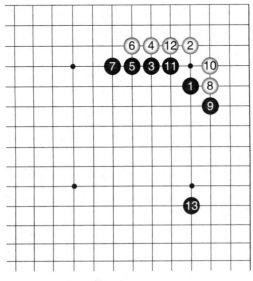

图3-34

【定式4】

如图3-35，白4从右边托扩大角地，黑5本可于13挡，但让白棋一手连回，显得过于普通。黑5顶、7断采用弃子战术，在白4的退路上设置障碍，黑11以下至17利用弃子，得到更好的封锁效果。白18刺，与黑19交换便宜一下。白20或在A位一带限制右上黑棋外势十分重要，另外，上边黑棋B位拆边价值要比右边低很多，因为白棋C位处还开着口，黑棋上边成空不太容易。本定式黑棋先弃子再获得利用的手法与右边价值高于上边的判断是学习重点。

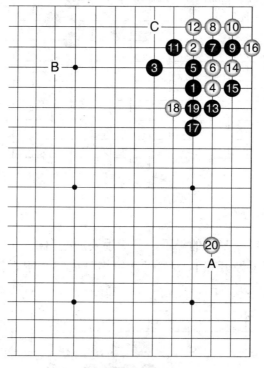

图3-35

第四章　边角的价值大小排序

　　按价值大小排序，是围棋实战选点的一项基本技术，其方法和思路与棋局主线的把握和棋局关键处的捕捉紧密相关。

　　制订战术计划的基本方法是多点选择后根据要素排序，确定棋局大的方向，再具体选点，这样才能更好地统筹全局。有了这种自始至终的排序习惯与意识之后，会越来越清晰、越来越轻松地确定局面重心与要点，并对我们快速提高大局观很有好处。

　　总之，本章内容介绍给大家的是方法和意识，如果大家有了运用相关要素进行排序的意识，并在实战中不断运用，会逐渐加深对围棋的理解，感受棋的轻重缓急，把握棋的脉搏，体验棋的奥妙玄机，到那时，即便不能做到心与棋道融为一体，但两者的距离也非常近了。

　　在本章中，重点对四边的排序方法与思路进行训练，之后对四角的排序与中央开口要点简单地进行介绍，最后讲解综合排序问题。

一、边的初始排序

　　请将下面两题的四边按价值大小进行排序。

　　四个边本身的价值是一样的，只是各边相邻两角的开口方向不同，这也抬高或降低了各边的价值，也同时有了对四条边进行价值排序的必要。

　　【例1】如图4-1，黑先。

　　分析：

　　右边最大：右边相邻的两角开口都朝向右边，这样，白棋下在右边的子有保护角的作用，黑棋下在右边的子从开口处通向角部，对白角可以进行破坏、压缩甚至可能据为己有，因为有此附加意义，右边在四条边中排第一。

　　左边与下边其次：这两条边中相邻的两角，其中一角开口朝向这条边，而另一角开口封闭，不能从这个边的方向攻入角地，因此这两条边价值一般，不高也不低。

　　上边最小：上边相邻两角都没有开口朝向这条边，这条边的价值通常认为最低。

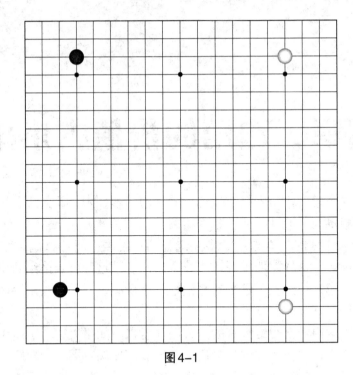

图 4-1

【例2】如图4-2，黑先。

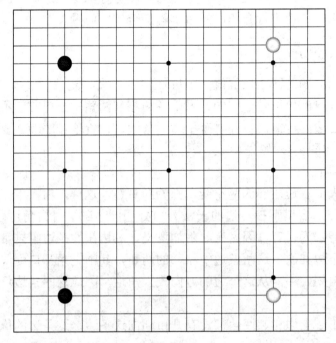

图 4-2

分析：

右边与左边价值最高；上边其次；下边最小。理由同【例1】。

二、四边的价值排序

四边价值排序原则如下。

① 孤棋。布局最忌讳单方面出现孤棋，如遇到将要出现孤棋的地方，一般要排在最前面。

② 棋的强弱。棋还没到孤棋的程度，但容易受威胁或受欺负的地方，也要特别关注。

③ 棋的结构。棋的组合搭配要符合围地原则，不能扁平，更不能过近或过远及产生别扭的开口漏洞等。

④ 目数。关系目数，尤其是关系双方目数进出的地方，影响特别大。

⑤ 发展空间。看宽度，越宽的地方越有发展，影响和控制的空间越大，规模也越大。

⑥ 扩大。对发展的持续性进行比较和判断。

⑦ 防守或破空。单纯的防守或破空，好处单一，作用小，不是大棋。

如果一手棋相关因素靠前或相关因素有好几条，这样的棋或这样的边价值就高。请对下面的题目进行分析后排序。

【例3】如图4-3，黑先。

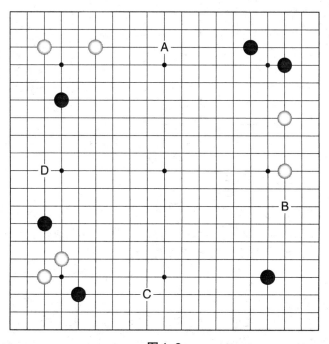

图4-3

分析：

D位10分。首先黑棋占D位后，实地很多。再者由于周围白子众多，黑棋二子间隔过大，左边如让白棋先走，黑棋二子危险。

C位8分。下边是最宽广的一条边，双方发展余地均很大，且黑棋两边也不是很强。

A位、B位各6分。与攻防关系不大，另外，选点尚值得推敲。

简单提炼：左边两子孤，所以最大；下边两子弱，并且边很宽，也很大；右边一面弱，有些窄，不是很大；上边无弱处，但稍宽，不是很大。

【例4】如图4-4，黑先。

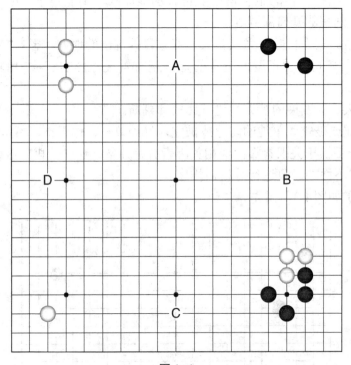

图4-4

分析：

B位10分。同样是占边，能同时攻击右边白棋三子当然是最急的一手。

D位8分。这是黑棋及早分割白棋势力，避免白棋成模样的仅次于右边的好点。另外，从分配子力的角度说，黑棋也应占左边。

C位7分。右下角是安定之形，如先拆下边，则黑棋的布局速度将落后于白棋。

A位6分。黑棋右上角守角一子处于三线，发展性稍差。

简单提炼：右边与孤棋相关，最急；左上有弱点，左下也稍弱，左边宽，是白棋发展的大本营；左下角稍弱、宽；上边宽，双方都强。

【例5】如图4-5，黑先。

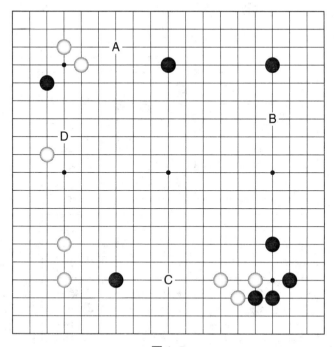

图4-5

分析：

C位10分。下边黑棋一子与白棋三子都急于获得安定，这是双方的攻守要点。

B位8分。这手棋同时对上边、右边、右上角及中央起到加强作用，结构完美。

A位7分。黑棋扩大上边，同时对白棋二子施加压力，就算下一手白棋封住左上黑棋一子，黑棋仍可在里面做眼活棋。

D位5分。黑棋逃出一子，成单方面受攻之形，明显不好。

简单提炼：下边事关双方孤棋；右上角弱变强，结构好，发展空间大；黑棋上边星位一子弱，白棋左上角弱；左边黑子弱，跑出来也是弱子，只是破掉一些空。

【例6】如图4-6，黑先。

分析：

C位10分。下边黑棋二子十分危险，寻求安定是当务之急。

B位8分。黑棋右边拆边，呼应上边三子，规模明显比左边大。

A位7分。黑棋上边拆二后，对上边斜拆三有保护作用，且左边白棋整体结构扁平。

D位6分。黑棋进入左边，自己不会围成大空，反有受攻之可能，要最后走。

简单提炼：下边有黑棋孤子，最急；右边宽阔，结构有立体感，强于其他各边；上边黑棋弱，且有损白棋整体结构，也不小；左上开口有弱点，并且比较宽，但与其他点相比略显不足，排在最后。

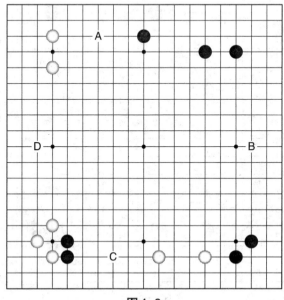

图4-6

【例7】如图4-7，黑先。

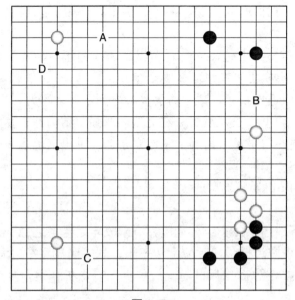

图4-7

分析：

B、D位10分。右边B位拆二是因为双方弱，与结构相关，虽然较窄，也是极大的一手。左边是目前全盘价值最大的边，D位一带挂角是围边的正常下法。

C位9分。下边与上边是价值稍低的边，下边黑棋的攻击性强于上边。

A位8分。上边双方互相难以造成伤害，本身规模也小，是最不急于抢占的边。

【例8】如图4-8，黑先。

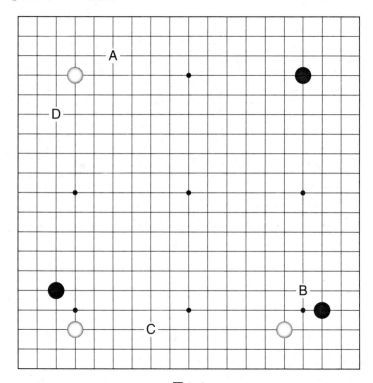

图4-8

分析：

C位10分。从边的价值来说，下边并不大，但左下与右下双方都较弱，是弱点集中的地方，抢先在下边夹攻容易争取局面的主动。

D位10分。按边的宽窄价值来说，左边与上边第一，右边第二，下边第三。但目前左边是双方正在相争的边，黑棋子力少，急需援助，再加上D位本身价值大，因此排第一。

B位9分。有攻防作用，因此比上边急一些。

A位8分。价值最大的边，但由于上边处于和平状态，要排在有战斗发生的下边和左边走完之后。

【例9】如图4-9，白先。

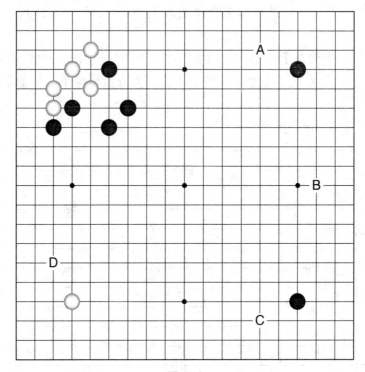

图4-9

分析：

B位10分。黑棋右边与下边本身都大，但由于左上有子，右边黑棋有成模样的可能。白棋以破坏为主，打散黑棋势力，右边分投是好点。

C位9分。下边很宽，如被黑棋占到下边与左上黑棋也有呼应。

A位、D位7分。左上一带有黑子，左边不适合白棋大规模扩张。另外，黑棋左上三线子是软头，在左边也难形成气候，因此，D位明显不如右边和下边。A位与左边道理相同。

【例10】如图4-10，黑先。

分析：

B位10分。黑棋在B位拆，安定右边是当务之急。如白棋在这里夹攻，黑棋二子将成为孤棋。

C位10分。黑棋在C位拆，建立右下至右边的立体作战工事，同时具有防守的作用。

A位9分。上边是白棋潜力最大的地方，黑棋借攻击来打散白势，还能有所收获，不可小看。

D位8分。首先，黑棋左下比右上强，白棋不愿意在黑棋强子附近发展和作战。其次，下边白棋对黑棋左边的扩张有压制作用，黑棋的空围不大。因此，相比之下，上边稍大于左边。

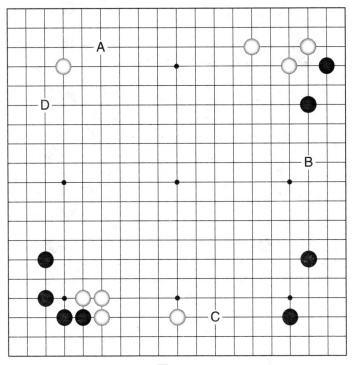

图4-10

三、四角的价值排序

四角价值排序原则如下。
① 双方有弱点。
② 弱点多并且集中。
③ 越容易破坏的角越要先走，越冒险越要靠后，这一点决定急迫程度。
④ 能利用一些有利因素，如残子利用，给予对方极大的威胁。

【例11】如图4-11，白先。

分析：

D处、B处10分。左上与右下是双方都有弱点的地方，左上有白子可以利用，右下由于黑棋气紧并且边角都有问题，也应立即出手。

C位9分。左下与右上点角价值极高，但由于是单方弱点，因此，要次于D处和B处。

A位8分。价值很高，但由于弱点单一，因此不急。

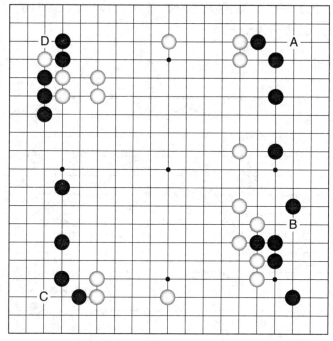

图4-11

如图4-12，白1跳，下一手白棋在三·三位挡角将形成对黑棋不利的对

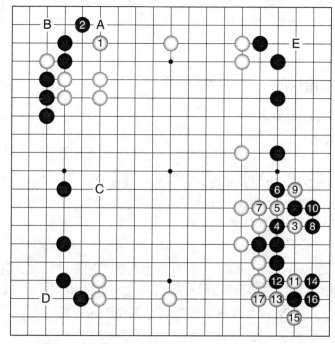

图4-12

杀。黑2守，不得已。今后A位对双方都很大：白棋走到A位后，角上还有B位点的手段；黑棋走到A位，极有可能是先手补棋。白棋左上交换一手后，白3跨，冲击黑棋气紧的弱点，十分厉害。黑4冲，白5断，至黑10粘，黑棋几子气仍很紧，白11再跨，至白17借攻击大大压缩了右下角，并且使右下角白棋得到完全整固。除左上与右下最大外，先走影响面最大的C位，之后再在D、E两处看情况下手破角。

【例12】如图4-13，黑先。

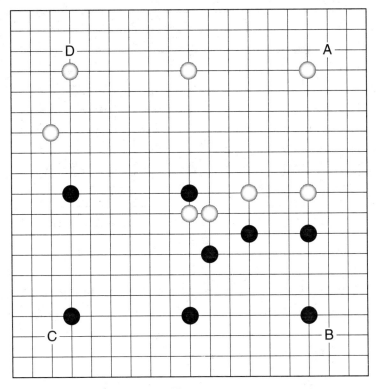

图4-13

分析：

B位10分。这里是黑棋的大本营，并且外部开口已全部封锁，如让白棋从内部点角破坏力极大。同时点角本身也能长目，且极有可能得到先手，因此黑棋在B位守右下角最大。

A位9分。角的外部空间过大，且基本控制在白棋手里，这样的情况下不宜点角，否则白棋外面实地化且规模宏大。

C位8分。角的外面很空虚，如果白棋来点角，会帮黑棋外围走强，反过来，黑棋也不必急于守角。

D位7分。这一带白棋势力不大，双方都不愿意把精力消耗在这样的地方。

【例13】如图4-14，黑先。

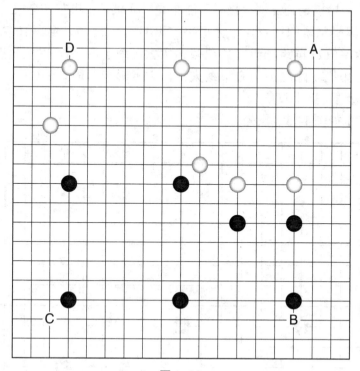

图4-14

分析：

本题与【例12】只在中腹子力、位置上有所不同，角的排序也略有不同。

A位10分。这里是白棋的大本营，黑棋及时加以破坏，心情好极了。

B位9分。黑棋右下一带比右上白棋规模小一些，排位次之。

C位8分。黑棋如守住里面，则外面不容易守，黑棋如守住外面，则里面再守肯定来不及，因此次于A位和B位。

D位7分。这里属于局部手段，排在最后。所争的空间范围小，而且多半要落后手，很可能还会受攻。

四、开口的价值排序

无论边、角、中央在成实地前都有开口侵入问题，多处开口也都存在先走后走的排序问题。开口的排序意识，对空的虚实的理解也是棋局胜负的重要因素，这属于初步形势判断的方法。

开口价值排序原则如下。

① 破坏有双重作用的开口，即进入开口既能破坏对方目数，又能增加自己的目数。

② 双方有弱点或弱点比较集中处。
③ 开口较大处或距对方开口近的地方优先。
④ 有利用或借用的地方。

【例14】如图4-15，白先。

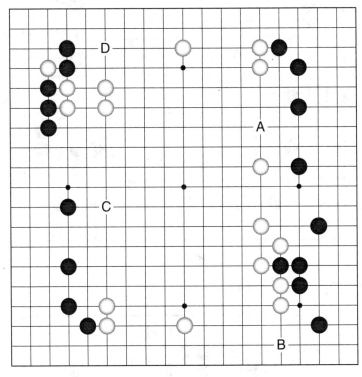

图4-15

分析：

B处、D处10分。这是双方有弱点的地方，左上角内还有白子威胁利用，右下黑棋气紧弱点多，故应该这两处先走。

C处9分。C位不走，黑棋借挤压白棋势力，还能助长自己势力。

A处8分。A位距离白势较近，进入开口后，对白势直接造成挤压。

如图4-16，白1跳，下一手在A位挡，黑棋二子危险。黑2尖，今后白棋在B位挡后，仍有C位点的手段。白3抢先在右下角动手，牵制黑棋。白3如走别处，黑棋可在D位利用白棋弱点进行骚扰，白棋将遭到重大破坏。

左边如轮到黑棋先动手，可在E位压迫下边，白棋在F位应，黑棋在G位附近往上边压缩，左边黑势会隐隐约约增大、变强。H位是单方面压缩破坏，虽然不小，但相比之下要等到其他三处走完再下，排序在最后一位。

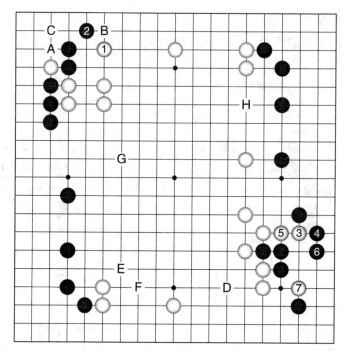

图 4-16

【例15】如图4-17，白先。

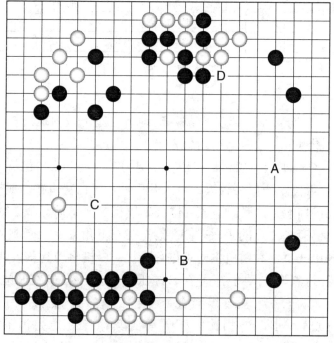

图 4-17

分析：

D位、A位10分。如让黑棋右上走到D位压后，上边白棋空内黑棋二子将有很大利用价值，附近黑棋规模大且厚实。反之，白棋出头后，右上角黑棋显得弱，右边空也围不大，黑棋上边二子也基本失去了利用价值。在A位附近破坏黑棋右边及中央潜力十分重要，这里黑棋的目数与发展潜力都相当可观，虽然现在这手棋双方互无压力，但假使黑棋走到，以后当白棋对右边进行骚扰破坏时，这手棋攻防作用就会加倍体现。

B位9分。黑棋占到B位后，下边的黑棋与右下的黑棋加强了，下边白棋变弱了，反之白棋下边强，黑棋两边弱，因此这也是极重要的点。

C位8分。这也是有多方面作用的一手，只是稍有松缓的感觉，彼此之间的影响力和造成的伤害也小一些。

如图4-18，白1走在上边与右边两处开口的交汇处，一手棋可解决两处开口问题，是通过分析容易想到的好点。黑2大致如此，如走3位长或4位贴，白棋在A位或B位跳，感觉在替白棋走棋。白3、5快速取得根据地，明智之举。之后黑6与白7双方各得其一。白9守后，黑10与白11是各占其一的好点。白11开始走下边，这点关系双方厚薄。黑棋中央围不成空，黑14转走左边，与白15交换一手后，黑16逃出。白17关系到双方厚薄。之后C位、D位、

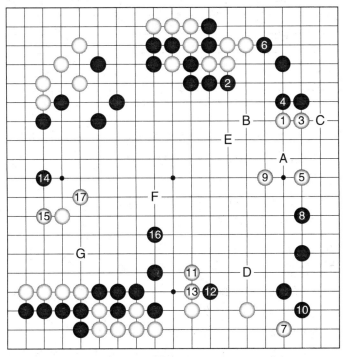

图4-18

E位是白棋防守要点，F位、G位是黑棋防守要点。

五、中央与边、角的综合排序

中央与边角的综合排序需要运用相关要素排序的方法，以下举一个简单的例子说明一下。

【例16】如图4-19，黑先。

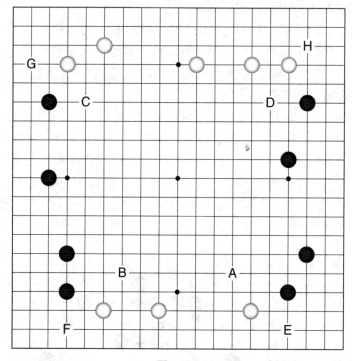

图4-19

四边往中央的发展要点中，A位至D位是对黑棋来说的好点。四角都不确定，E位至H位是黑棋守角或点角的要点。

第1问：四边往中央的四个发展要点，A位至D位如何排序？

第2问：四角都不确定，E位至H位如何排序？

第3问：以上8处综合排序结果如何？

第1问分析：

A位10分。右下一子白棋弱，黑棋在A位具有攻击性。

C位9分。左边黑棋有点弱，这手棋对上边白棋整体的发展规模有压制，今后还有左上角与上边的打入手段。

B位8分。对低位子进行压制，面向广阔的中央发展。

D位5分。这是双方都强的地方，最后下。总之，最弱的地方最先下，最强的地方最后下;影响大的地方排在影响小的地方前面。

第2问分析:

E位10分。这是白棋最弱的地方。

H位9分。这是白棋最大的地方。

F位、G位8分。左上黑棋有些弱,但左下角目数出入要大一点,综合评价两角价值大致相当。

第3问分析(图4-20):

A位。白棋下边处于低位,适合从外部高压。同时左右两边都需要获取中央发展空间,且右下挂角一子最弱,这手棋有一定的攻击性,因此A位应排在第一位。

C位。黑棋跳后,左边强了,下一手左上点角与上边打入能走到一个,白棋规模基本被限制住了。这是影响范围较大,又关系黑棋左边弱点且是双方形势消长的要点。

H位。右上白棋子力多且处于四线高位,难以对其进行压迫,但其内部空虚,适合从内部掠夺。这里是白棋最可能成空的地方,也是白棋最强的地方。

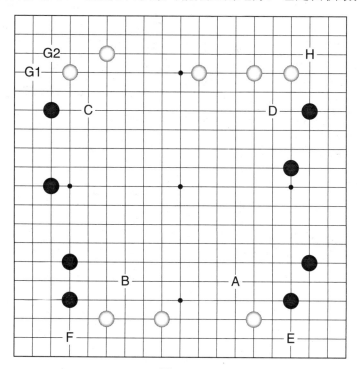

图4-20

F位。这里是黑棋处于高位的地方,守一着就能成很大空。

G1位、G2位。如果外面有了C位的跳,G2位点角更加厉害,并且上边的打入也变得轻松愉快了。白棋如守角则下在G1位。

E位。这是双方实地出入很大的地方。

B位。虽然这手棋处于白棋拆二附近,但向中央发展缺不了这手棋。另外,有了这手棋,对拆二还可以施展一些小手段。

D位。这是双方形势的连接处,也是双方都很强的地方,要最后下。

第五章　吴清源布局

一、吴清源黑棋布局第1局

吴清源的布局，每手棋价值高低层次分明，思路清晰，态度立场明确，技、战术流畅自然。下面进入棋谱分析讲解。

▶第1谱：秀策流

第1手棋的下法有讲究。如图5-1，第1手棋要占右上角，如果是小目，要占右侧。同样，要下目外或高目的话，也是图5-2中A位、B位的位置。这是围棋的礼仪，是照顾对方右手落子方便，含有尊重、恭敬之意。

白2的下法不定，但过去走2位小目的下法很流行，主要是将开口偏向左侧，3线封闭的方向朝向黑1，阻碍对方发展的规模和速度。黑3错小目与白2意思接近，将开口对着自己，将封闭方向朝着空处或对方。

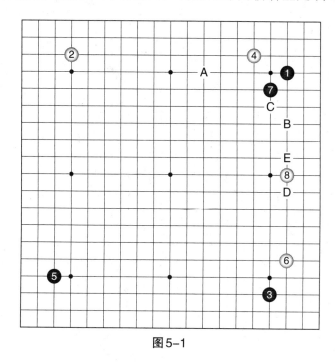

图5-1

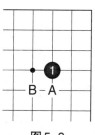

图5-2

白4非常特殊，它的考虑源于过去的围棋规则。在20世纪30年代以前，执黑棋一方是不贴目的。如果对局双方水平接近，棋局平稳进行，执黑一方获胜的可能性很大。为此，执白的一方为了提高获胜机会，就要下出更积极主动的棋来，还要设法搅乱局势，争取浑水摸鱼、乱中求胜。

如图5-3，按通常角部价值观念，对于白棋来说，占空角第一，挂角第二，守角第三。接下来黑2守角，封闭开放的门户。白3如果走左上或左下守角，黑3右下角继续守角，局面趋向平稳，对不贴目的黑棋十分有利。因此白3必须挂角。但黑棋以右上角势力作后盾，在4位拆兼夹（拆边兼夹攻）白3一子，所有黑子参与右边战斗，白棋难以与之抗争，这一带的战事对黑棋明显有利。为了改变这种状况，白棋调整了挂角的优先级，认为在必要的情况下（积极主动出击，以搅乱局势为目的），挂角与占空角同样重要，其次守角。黑棋为了平稳进行，仍然是占空角第一，守角第二，挂角第三。

总之，图5-1中白4右上挂角，让黑5占左下空角，白棋看起来损失一些发展空间，但这样积极的下法会使局势变得混乱、难以把握，也就达到了白棋的目的。

黑5是价值最高的地方，是双方增大发展空间的绝好点。至黑5，形成了典型的1、3、5布局。

白6挂右下角与白4挂右上角一样，不让黑棋守角，另外还有在全局孤立右上角黑棋一子的目的。

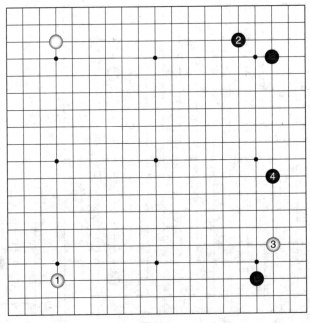

图5-3

黑7小尖，是日本棋圣秀策喜欢的下法，1、3、5、7被称为秀策流布局。

如图5-4，将棋盘从左上到右下连一条线，看一下黑棋与白棋的子力分布情况，黑棋的子集中在左下半盘，白棋的子力集中在右上半盘。所以，从《围棋十诀》中的"势孤求和"来讲，即子力不占优势的地方不宜挑起战斗，黑棋不在图5-1中A位附近夹攻挑起战斗，而走黑7小尖，采取最牢固的防守，又做好大举反攻白棋的准备，无疑是理论派棋士们认为的明智之选。黑7过去走B位或C位的下法较多，棋形看起来略舒展一些，并且能围到一点儿实地，但结构上不如黑7完全将能量积聚起来，使得在将来的作战中能发挥出更强势的作用。

秀策曾有"凡尖无恶手"的名言，黑7是他的看家本领之一。

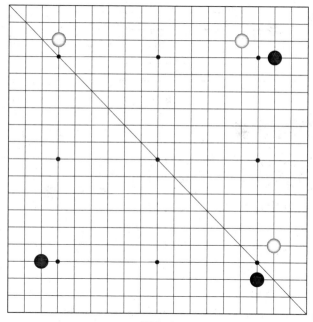

图5-4

如图5-5，黑1、3、5可先保留不走，右边出现战斗的时候，这里可随时先手压缩白棋。黑棋直接走7位附近拆兼夹，是绝好的布局要点。不仅白棋被攻击，黑棋本身也能成空，规模大，又牢固。

因此，图5-1中，白8拆，既防止了图5-5中黑7的拆兼夹，又大范围扩大了自己的势力，还对两边的黑棋施加了不小的压力。白8目前的价值，超过了挂角和守角。白8也可在D位或E位拆。

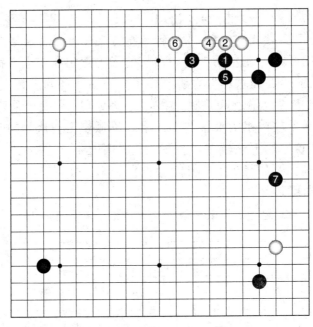

图5-5

▶第2谱：边的价值排序

在普通情况下，对于守角与挂角，黑棋当然选择守角，而白棋肯定选择挂角。如图5-6，左上角与左下角还没有下，目前轮黑棋下，黑9守左下角，白10守左上角，符合角的价值排序逻辑。只是黑9与白10的守角位置选择比较有特色。黑9单关守角，往两边发展的势头很猛，尤其是左边势强，黑棋拆出边去容易成空，白棋左边还不能靠得太近。但缺点是下边如被白棋逼住，目数要少一些。正因为如此，白10选择大飞守角，目的在于尽量限制黑棋势力的发展。

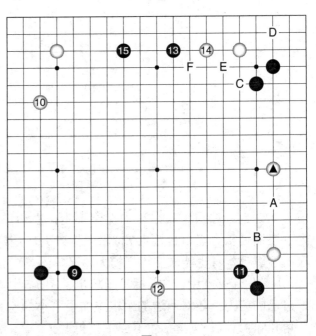

图5-6

随着棋盘上棋子的增多,每个边的价值发生着变化。白10后四个边的价值高低情况如何呢?

左边双方都很强,是价值最低的边;下边由于黑棋右下角弱,是价值最高的边;上边较宽,白棋右上角一子比较弱,价值排在第二;右边较窄,但与强弱有些关系,价值第三。

现在四个边由高到低的价值排序为:下边、上边、右边、左边。

黑棋围下边要走11位、12位两手棋,应该先在11位尖,还是先在12位拆?

如图5-7,如果黑1先拆,白2飞压,以下黑棋屈服于低位,而右边白棋▲一子位置不错(再宽些更好),白棋整体规模很大,黑棋不好。如果右边白棋▲子位置拆得再窄一些,黑棋就应该按图5-7先拆,找机会再在2位附近补强。

总之,图5-6中11与12两点应先下哪里,取决于右边白▲一子拆边的远近。

基于上述,黑11先尖,既加强自己,又准备在下边12位拆边,今后还留有A位打入和B位飞压的手段,是正确的选择。

左下、右下都在准备12位的拆边,一旦黑棋占到12位拆,由于有B位的飞压做配合,黑棋下边的规模大而牢固,白棋一定要抢先占据12位分投。

比较一下图5-1中的白8与图5-6中的白12两手棋:白8是双方能大规模扩张的地方,还关系到攻防,其价值大过10位的守角。

白12是黑棋大规模扩大,白棋只能小有所得之处,与攻防关系不大,因此,其价值小于10位的守角,但大于其他各边。下边白12分投后,黑棋不能再纠缠于此,应立即转至排序价值第二大的上边。

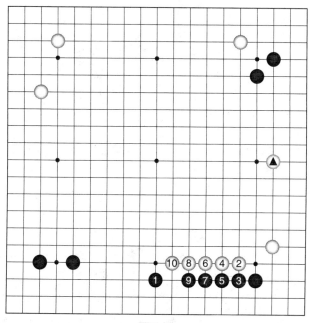

图5-7

黑13三间夹，与近一路或二路的紧夹相比，一定程度上限制了左上角白棋的扩大，同时右上角成空规模也大一些。

接下来面临的问题是：白棋如何处理右上角白棋被夹攻的一子呢？这里的下法较多，除了在14位拆一外，常见的还有C、D、E、F几种应法。见图5-8～图5-12（这是吴清源黑棋布局原解说中五幅重要的参考图）。

如图5-8，白1靠出，正面作战，以下至黑10，感觉白棋一队子本身无目，黑棋右上角反而收获不小。其中黑4重要，如不走，将成图5-9。白5断严厉，以下至白21，黑棋被杀。

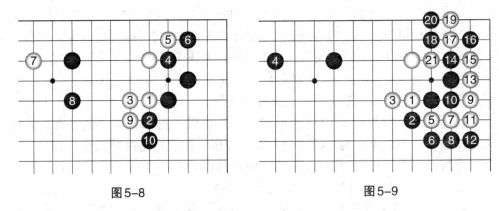

图5-8　　　　　　　　　　　图5-9

如图5-10，白1飞进角，是求活的下法。黑2飞封后，黑棋左右连通，今后白棋再想攻击黑棋就难了。

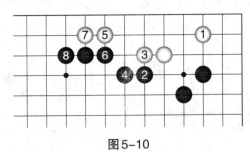

图5-10

如图5-11，白1逼住，发展左上白空。黑2飞封，逼白3活角，黑棋外势必定很强，白1之子有靠黑棋势力过近的感觉。

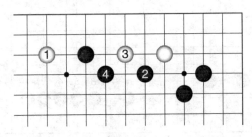

图5-11

如图5-12，白1离黑棋远一些也不行，黑4、6压紧住气，再在8位连扳，白棋不好办，以下白棋吃黑棋一子，黑12冲，连角带中央，黑棋收获巨大。另外白1若走2位尖，本身无目，步调迟缓，也不理想。走6位尖冲容易迅速加强黑▲一子。因此，图5-6中，白14拆一，分开黑棋两边，本身带目，是不错的一手。黑15拆二，是稳妥的下法。如果黑棋贪心，则成图5-13的局面。黑1得角，同时不让白棋进角活棋，想等白棋先在4位跳，黑棋再在上边拆边，白2当然先夹攻，等黑3逃时，白4再跑，结果成为白棋愿意形成的对攻局面。

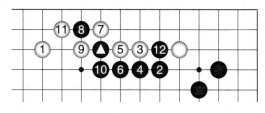

图5-12

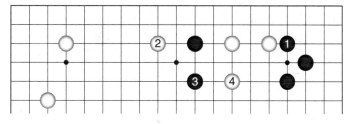

图5-13

▶第3谱：扩大与加强

扩大与加强的意义不同：扩大是增加，加强是维持原有。应先扩大后加强，最好能够做到既扩大，又加强。

如图5-14，白16进角，建立自己的根据地，是目前情况下的急所。白16后，右上黑棋二子已受到严重威胁，黑17拆建立黑棋根据地，刻不容缓。

如果黑17不拆，会形成图5-15的局面。白1拆兼夹，黑2如逃一手，这一交换白棋收获巨大。如白3、5再连攻两手，然后白7飞起，与图5-14中黑17拆的结果相比，黑棋不能接受。

有了黑17，右边白棋二子变得十分危险了，该如何加强这里的白棋呢？

我们一般容易想到的是在A位飞，强化这里的地盘。但这样一手棋只起到加强作用，体现出来的价值不大。白18下边拆，是本谱中重点要学习的一着好棋。这手棋在扩大下边的同时，给右下角黑棋二子施加了很大压力，间接帮助并加强了右边白棋，体现了一手棋的多功效、高价值。

黑19不甘屈服，打入右边进行反击。这手棋如走23尖顶，白棋在B位长，由于下一手白棋有星位挤的手段，黑棋还要在C位再补一手，这样的下法偏于守势，不能满意。

黑19后又引来一连串的连锁反应。白20从黑棋封锁处出头，分开两边黑

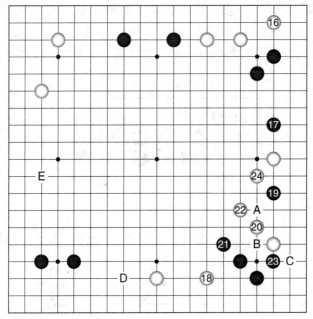

图5-14

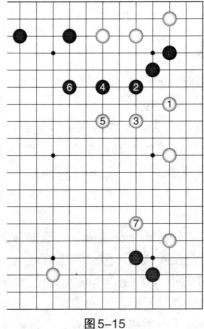

图5-15

棋，予以反击。黑21从白棋封锁点出头，分开白棋，再进行反击。白22出头，加强自己，威胁两边黑棋，是当然的一手。黑23不得已放弃黑19一子，是正确的选择。否则将成图5-16。

如图5-16，黑1尖，救出右边一子，白2是既关系双方目数，又关系根据地的要点，黑3出头，白4逃出，至白8，黑棋同时逃两块孤棋，形势不妙。

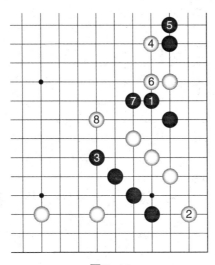

图5-16

再回到图5-14，白24封锁右边黑19一子。至此，当初的白18扩大下边同时间接补强右边的战术大获成功。

黑棋在右下这一带的战斗中，争到了宝贵的先手，也不吃亏。

黑19一子明知道要被吃，是否还应该走呢？这里重点说明一下：黑19可以看做弃子利用战术，本身牵制了白棋较多的子力，今后周边如果有战斗，（这里很有可能有冲断等借用手段），可获取一些利用，另外，官子也可以利用到这个子。

进行到这里，右边的战斗告一段落，接下来将回到只有寥寥数子的左半盘进行争夺。D位和E位是目前明显的好点，黑棋该如何选择呢？

▶第4谱：一手棋的目数价值计算

如图5-17，在进行黑25选点之前，我们先看一下上边黑棋拆二与下边白棋拆二的目数情况。

随着拆二周边情况不同，目数当然不同：上边黑棋拆二有4目空；下边由于有❶一子的存在，黑25下边如果逼住，白棋二子很让人担心，在这种情况下，可以认为白棋无目。

如图5-18，一般情况下，上边黑棋宽松的拆二至少有4目。右边黑棋拆二

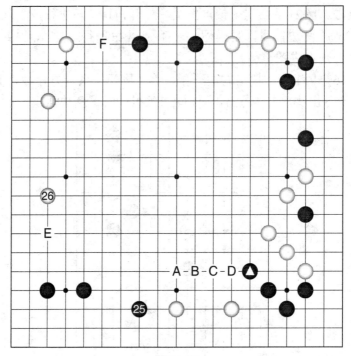

图 5-17

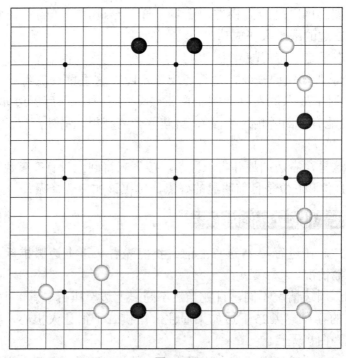

图 5-18

两边都有白棋子虎视眈眈，白棋一旦发动攻击，不是黑棋目数被破坏，就是白棋目数增加。这里黑棋目数按不确定计算，即按其所围目数的一半计算实地价值，可算做右边黑棋拆二有2目。下边黑棋拆二所处环境更加恶劣，一边有一子相逼，另一边有两子虎视眈眈，远处还有白子，这里的黑棋应该算做没有目数。

先请记住，图5-17中黑棋走到25位逼，下边白棋二子没有目数。

下面计算黑25一手棋的价值，如图5-19和图5-20。

如图5-19，黑1走后，黑棋左下角有19目，白棋无目。

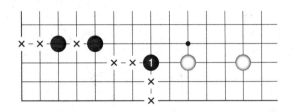

图5-19

如图5-20，白1走后，如黑2脱先，白棋可选择适当时机，进行白3与黑4的交换。如此一来，白棋这里围了13目，黑棋原来的19目只剩下6目，减少了13目。白棋这手棋的价值出入有26目。黑棋走到图5-19中的1位拆，价值同样为26目。

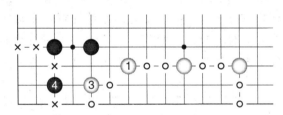

图5-20

那么，图5-17中左边26位拆价值多少目呢？如图5-21和图5-22。

如图5-21，黑1左边拆，×处的10目棋白棋很难破掉，算黑棋得10目，白棋没有目。

如图5-22，白1左边拆，×处的10目棋还不能确定，按5目计算，黑棋没有目。出入计算，黑棋与白棋左边拆的目数价值是15目。当然，左边拆的价值不会只有这么少，因为无论哪一方左边拆后，都对今后的发展及中央的控制、影响作用巨大，就是再多算上10目双方潜在势力出入价值，也不过分。这样一来，左边价值也有25目上下，与下边拆价值不相上下。

图5-17中下边白棋二子，如有机会从A、B、C、D四者中进行选择，分不同思路，应该选择A或D，理由如图5-23和图5-24。

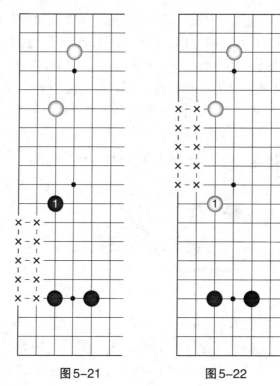

图5-21　　　　　图5-22

如图5-23，站在防守的立场，应该选择靠近黑棋弱一些的左边A位，同时，远离较强的黑棋右下一带。白1跳后，左边黑棋一子显得有些弱了，白棋下一手可在A位或B位对黑空进行破坏。对此，黑2很有可能要加补一手。这样一来，白棋得到了先手加强，但失去了在A位或B位打入的手段。

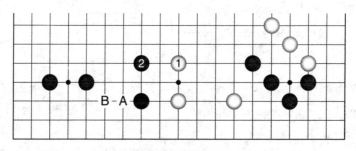

图5-23

如图5-24，站在攻击的立场上，应该选择靠近右边黑棋强处。黑棋如果不理，白棋下一手在B位长获得通连，外部势力增长不少；如果黑2应一手，白1先手加强后可在3位或A位破坏左下一带黑空。当然，目前下边的周边环境黑子较多，白棋这样下多少有些过分，但思路上应该有这样的考虑，追求子的效能，尤其在形势不利的情况下，这种下法显然会搅乱局面。

现在，图5-17中只有E位和F位关系双方地盘的增减，哪一处更大呢？

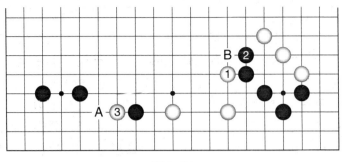

图 5-24

▶ 第5谱：综合功能与价值分析

如图 5-25，我们把左边拆二（白28或黑A）与上边双方在27位拆一做一下全面比较。

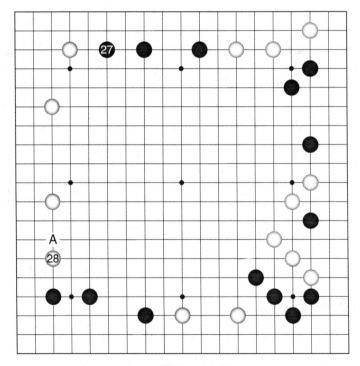

图 5-25

① 从宽窄方面进行比较：双方走左边可以拆二，走上边27位只是拆一，结论是左边价值高。

② 从强弱角度进行比较：左边谁拆二都对对方没威胁，左边双方都强；上方黑27拆一后，白棋大飞角内部空虚的弱点显而易见，而如白棋占到27位拆一，黑棋上边二子令人担心，如图5-26和图5-27。从这方面比较看，上边

拆一功能价值大大高过左边拆二。

③ 从结构方面进行比较：黑棋拆到左边，左下角黑棋结构上有立体的感觉。白棋上边拆到27位，白棋有立体的感觉。由于规模上白棋大于黑棋，应让白棋的结构变成扁平，从这个角度说，也应选择上边拆一。

④ 从远距离影响方面进行比较：左边黑棋拆二，对下边两个白子增大了威胁；白棋拆到左边，则白棋下边二子压力大大减轻。同样，黑棋上边拆一后，白棋右上角三子显得有些底气不足了；白棋走到27位拆，白棋右上角三子今后可攻击上边和右边两块黑棋。这一点上双方基本持平。

由上述可确定，黑27应选择上边拆一。

如图5-26、图5-27，白棋占到2位拆一后，黑棋上边二子若不及时加强，白棋有种种攻击手段，如图5-26中白4的缓攻或图5-27中白4的急攻，而白棋一旦进攻，左边规模极大。

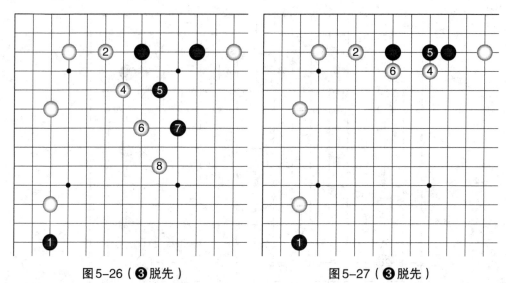

图5-26（❸脱先）　　　　图5-27（❸脱先）

▶第6谱：分析与计算

如何能找到有价值的地方呢？有时，有价值的棋是深藏不露的，只看表面或仅凭感觉是不行的，首先要进行仔细的观察，再通过正确的分析和计算，才可能得到。如何能找到全局最有价值的棋呢？要经过长期的实战对局进行磨炼，多参加比赛，多进行复盘研究和高手指导才能做到。

如图5-28，四个边角瓜分得差不多了，目前看得见的只有白棋左边间隔比较大，左上角比较空虚，这两个地方黑棋比较容易打入。

左边与左上角比较：左边的目数不如左上角多，左上角黑棋打入若活棋的话，本身还能得几目棋。但左边与中央的发展关系密切，这一点不容忽视。所

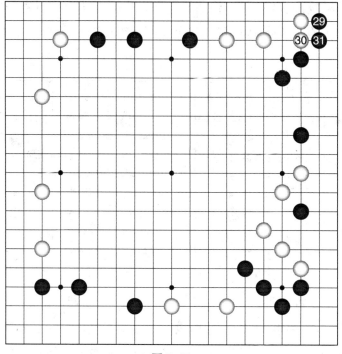

图5-28

以黑棋打入左边与打入左上角差不多大。

　　另外，黑棋无法把左边和左上角两处全部破坏掉。黑棋打入左边，白棋通过攻击，左上角就会巩固起来；而黑棋破坏白角，白角的外部就会大大变强，黑棋也就不敢再来破坏白棋左边。从这个意义上来说，黑棋破坏这两个地方都是有得有失，破掉白棋一部分只有十几目棋，但白棋另外一部分还会自然变强，黑棋收获不大。

　　通过分析，可得出结论：在这两个地方走棋，所得并不令人满意。

　　再看看其他地方，攻击下边白棋二子怎么样呢？白棋二子周围子力已经很多，地盘已经确定，无论从上面还是下面攻击都得不到多少目。

　　再来看黑29，则是目前全局最大的一手棋。这手棋似小实大，下面通过图5-29、图5-30进行计算。

　　如图5-29，黑1靠，白2只能顶，如走3位扳，黑棋走B位夹，白棋两边被分断，白棋大亏。黑3挡后，由于白2处的二子弱，黑棋今后走A位扳与白B拐交换的可能性大，所以数目时我们可以按黑A、白B进行了交换的界线确定目数。双方目数为：黑12目，白4目。

　　如图5-30，如果白棋走1位尖，黑2为确保根据地，要挡一手。之后按黑A、白B、黑C、白D确定界线，双方目数为：黑7目，白9目。与图5-28相比，这一手棋的价值是10目。但白1是先手得利，与黑2交换后10目空到手，还轮白棋走，白棋在别处还能得到一手棋的目数，因此要加倍计算，其价值应为后手20目。

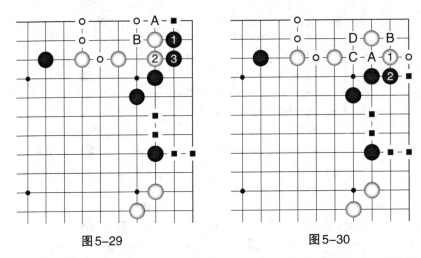

图5-29　　　　　　　　　　　图5-30

另外，图5-29中黑3后，上边白棋四子眼位不全，今后受到黑棋攻击时还要再少3目左右。这样，黑1的价值大于23目，明显大于破坏白棋左边或左上角的目数。

▶第7谱：往中央发展与大边法则

如图5-31，白32既加强左上角，又加强了左边，还在往中央扩大，是边角范围的最后一手大棋。

黑33机敏，见缝插针。白34挡，黑35退，白36补断，黑棋得到先手便宜。白34如走35位扳，将成图5-32局面。

如图5-32，白1扳，黑2断，以下至黑8，白棋虽吃掉黑棋一子，但白棋▲一子也受到了很大伤害，中央黑棋势力也强了起来，对于左边白棋的发展非常不利，这一结果白棋得不偿失。

白36虎后，双方边、角的争夺彻底结束，开始进入了往中央发展的阶段。

如何在中央有所收获呢？首先要知道，在中央是不能单独围地的，要以边上的子为依托、做基础，才可能在中央围到空。其次，很窄的边往中央扩大也成不了什么气候。

如图5-33，黑棋以边上拆二做基石，往中央抬高，身价并没有抬起来，黑1、3、5、7费了半天力，没多围出几目棋。

因此，往中央发展的先决条件是：要有一条大边，才有可能在中央围到空。

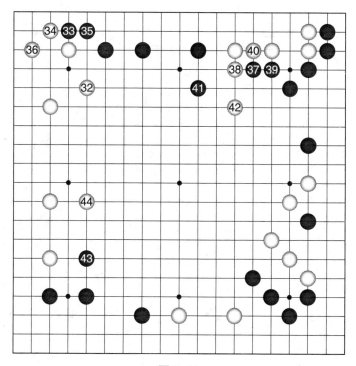

图 5-31

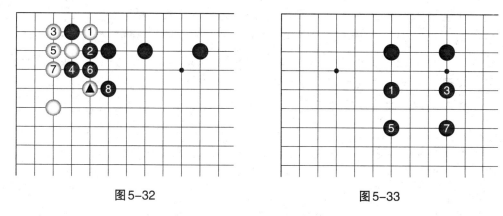

图 5-32　　　　　　　　　图 5-33

如图5-34，本局棋能够在中央有所作为的只有左边白棋。如果黑棋不加阻止，白棋进行到11，可完整地围起中央。围中央的方法是：白棋沿着较大的边的两侧往中央扩大，过程中见到黑棋的子就封其朝向中央的头。

如果盘面上双方都是小块棋，没有大边，则双方在中央基本都围不着什么空。

白棋的发展方向明确了，黑棋下一步就可以有计划地反其道而行之了。

如图5-31，黑37先从欺负右上角白棋弱棋开始实施计划。白38顽强出头，黑39退威胁白棋三子，白40挡，保护白棋三子不让黑棋冲吃。黑41跳往中

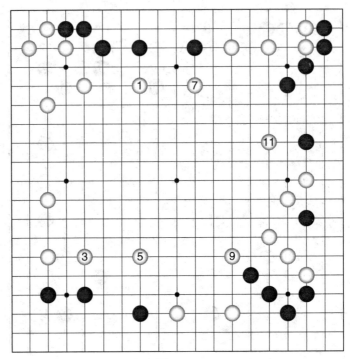

图5-34

央，继续攻击白棋，针对的还是左边白棋发展。白棋不活，白42只能跟着往中央跑。黑43从下边阻止白棋往中央跳，还能加强和略微扩大左下角，同时还增大了对下边白棋二子的压力，是一子多用的好棋。白44被动跳起，如这里再被黑棋占到，白棋难以忍受。

如图5-35，白棋左边还敞着大门。对此，黑棋设计了一条从离它较近的上边进入的路线。

如图5-36，黑棋正常的进行是1、3、5，通过三步行程，进入左边。但实际进行状况将如图5-37，黑1时，白2及时来挡，黑3、5后，白棋左边围得还是有点大。

图5-35中，黑45是好棋。它的高明之处是巧妙地改变了原来路线的行棋顺序，先走第二步，白46应，黑棋再回头走第一步，这样极大地压缩了左边白棋。黑45时，白棋如走47位，黑棋可走46位，左边白棋空将被打穿。

由上可知，黑棋不做路线行程设计，棋局主线就不会特别清晰，脑子就是乱的。如图5-38则是黑45之前，白棋下一阶段的路线行程设计。如果黑棋不理不睬，白棋连走几步，黑棋劣势。实际上，只需白1一手棋，黑棋全局将立刻处于劣势。

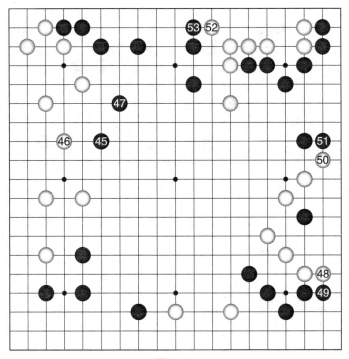

图 5-35

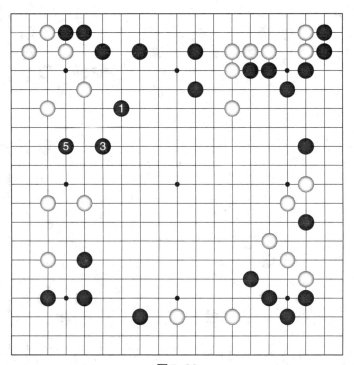

图 5-36

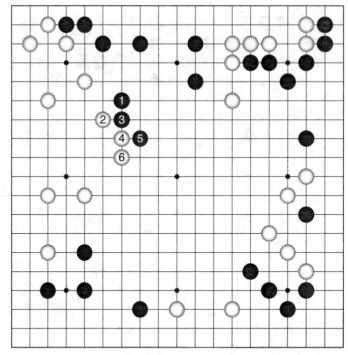

图 5-37

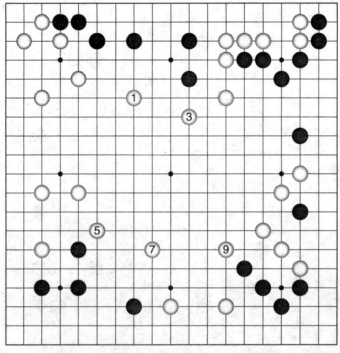

图 5-38

白48以下，黑棋稳健地一一挡住就可以了，到黑53，布局阶段终了。
本局是耐人寻味的一局，也是经典布局范例。

▶ 本局总谱（图5-39）

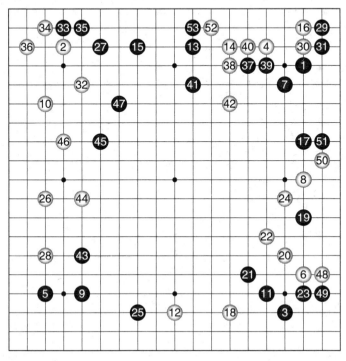

图5-39

吴清源本人结语：

以上布局阶段终了，大体的分野也已决定。黑棋有四处地域，实空稍优于白棋，厚实程度也超过白棋。形势简单明了，没有复杂难解的地方。加上没有一处不安定，而白棋的上边和下边还多少有点欠安定，显然是黑棋有胜利的希望。

二、吴清源白棋布局第1局

白棋布局与黑棋布局是对立的，在黑棋布局中论述的是黑方有利的布局，白棋布局则是要破解黑方先行的优势，使之有利于白方。

▶ 第1谱：白棋对抗1、3、5布局

如图5-40，这是从白棋的视角所看到的棋盘及落子方向。

白2以下至黑5，形成典型的黑棋1、3、5布局。站在白棋的立场上，如

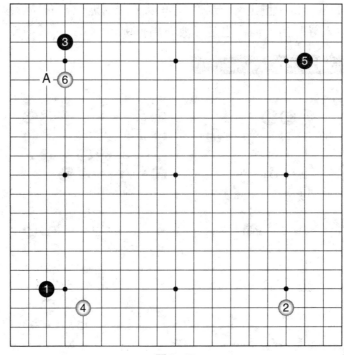

图5-40

何能更有效地将局面导向复杂呢?

白4不占空角,看起来是黑棋多占了一个空角,取得了一些便宜,其实黑棋拉长了战线,棋有走弱的趋向;而白棋则相对来说战线拉得要短一些,这样可有选择地集中子力,做一些积极主动的战斗策划。

白6如走A位低挂,黑棋角上难成空,而白棋拆边容易成空。现改走高挂,黑棋在A位托角能围成不小的实空,但白6的想法正是基于舍弃一些现实利益,为长远地获得积极主动局面做铺垫。白6接近中央,对中央的控制力比A位大,活动与影响范围也大于A位,容易从外部对左上角进行封锁,还容易构筑中腹势力。总体上感觉,实地上比A位差一些,而对黑棋的压力与棋子功能以及对全局的影响比A位强一些。

在黑棋不贴目的时代,白棋求乱与黑棋求稳的思想非常强烈,6位与A位相差了不少。而近年来,黑棋贴目加大,双方的攻防立场也有所颠覆,但仍要把握局面的均衡。吴清源行棋的精髓即首先把握局面的均衡,然后才是获得胜利。

▶第2谱:两面压迫

如图5-41,黑7托,扎实地占取角上实地。白8的普通下法是按图5-42进行。

如图5-42，白2扳阻住黑棋出路。以下进行至白8，白棋没有不满。其中白6先夹攻、再拆边是好棋。

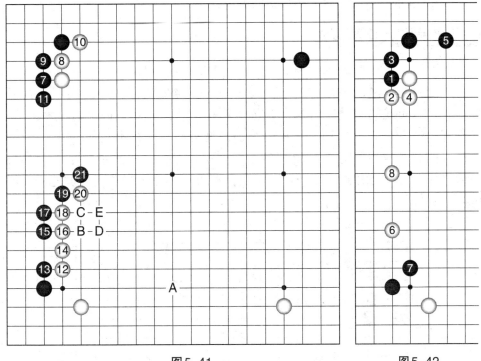

图5-41　　　　　　　　　　　　图5-42

实战白棋没有按普通下法走，现要运用打乱黑棋全盘部署的战略性思维，下出更高境界的棋来。

实战中，白棋想出了一个能造成黑棋全局子力配置严重失衡的高级战术。白8顶、10扳采取雪崩定式，至黑11长，白棋挡住了黑棋左上角往上边的发展道路，黑棋只能往左边发展了。左上角定式还没有完，但白棋已没时间再走了。白12飞压，以下至白18持续对黑棋进行压制，其战略意图已经非常明显了。

白棋分别从左上、左下两侧对黑棋进行压迫，造成黑棋全局子力分布不均，力量过于集中于左边，将来其他处的争夺白棋自然就处于主动了。

黑19、21连扳。一方越要把对方的头往地上按，另一方越要拼命出头。

说明一点：白16连压是非常手段。普通走A位拆，围边。但现在这样下黑棋会走16位挺头，以下白B扳，黑C扳，白D长，黑E挡。这样一来，黑棋左边规模就大起来了，左上角白棋三子也处境不妙，白棋不好。

第2谱中，白棋战略意图的第一步实施顺利，但接下来还面临着三个方面的考验。

① 不能让黑棋左边出头。

② 下边一定要占到A位拆，不然黑棋先占到下边分投，白棋左边强大势力无用武之地。

③ 白棋左上角三子弱，要尽量照顾好。

▶第3谱：白棋三面兼顾

白棋现在需要考虑的是如何冲击左边黑棋的诸多断点。

如图5-43，白22冲，黑23挡，这里黑棋有4处断点，如白棋利用得好，可得到相当可观的利益。白24断是瞄着黑棋上边三处断点最好的一手。这手棋不能走28位断，黑棋粘后，左边24、25两处断点就得不到利用了，是在帮黑棋走棋。白24也不能走25位和29位断，那样己方的棋子身陷其中，将做出无谓的牺牲。黑25接迫于无奈。不然白棋在25位打后，29位有双叫吃的手段，黑棋将崩溃。

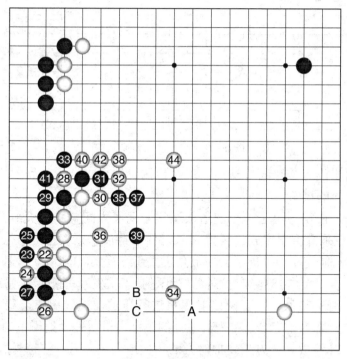

图5-43（㊸=㉘）

白26与黑27交换先手得到了多半个角，收获不小。白28从外面打，逼黑29在里面接。以下白棋将通过弃子来完成之前提到的三个考验。

第一个考验：

白30长，好棋。有白28一子做牵制，黑棋左边往中央的路已经封死。而且白30走后，下一手还要征吃黑棋一子。黑棋如果吃白28一子，白棋可在下边34位拆，完成第二个考验。

第二个考验：

黑31压，好棋。白32必须挡，黑33再回补，这样就给白棋制造出了35位的断点。

白34是目前完成本局作战计划的唯一一手。虽然35位有断点，外势很不完整。但如果补断，黑棋马上占据A位分投要点，白棋左边强大外势落空。

第三个考验：

黑35断，也是必然的一手。这里如被白棋补上，白棋势、地兼得，黑棋难以对抗。然而由此一来，黑棋这里脱不开手，白棋左上三子黑棋就无暇去攻了，白棋也就暂时不用担心那里了。从此，白棋大好局面开始呈现。

白36跳方，防守弱点的同时获得眼位，是保持良好战斗队形的棋形要点。这手棋如不走，将成图5-44。

如图5-44，黑1点方严厉，白2只好接。当黑棋△一子稍稍变强时，于3位冲、5断更加厉害。

黑37往宽的方向长，加强自己同时将白32一子作为攻击目标。白38长，同样加强自己，攻击两边。下一步可利用白28一子走40位勒吃黑棋，获取便宜；还能走44位附近，攻击黑35、37二子。双方近距离作战中，常用这一手筋下法。与此相对应的下法见图5-45。

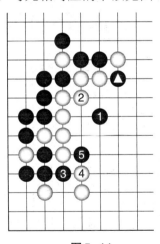
图5-44

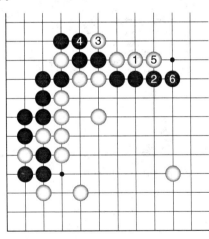
图5-45

如图5-45，白1、3、5每一步都在大幅加强黑棋、扩大对方控制空间，自己所得极小。这就是我们通常说的"俗手"。

黑39加强二子，并压缩下边白空，具有持续性的目数价值。这手棋如往右边跳，则只起到加强作用，对下边白棋规模没有进行压缩，白棋目数也没有受损。黑39后，还有B位、C位进一步打入、破坏白棋空的手段。另外，如果白棋占到39位，白棋阵容依然很大。这些都说明黑39还是非常有必要和有价值的。

白40、42勒吃厉害，黑43接痛苦。如黑43不接，白棋提通二子，黑棋中央数子失去作战目标，当初制造35位断点与黑35断的意义就没有了，所以，黑43必须接。

白44是攻防与发展的全局制高点，是本局白棋策略成功的点睛之笔。它的作用是：加强了白棋四子，威胁着黑棋三子，发展了上部空间，制约了黑棋中央的活动与右边的发展。我们还是通过图示来进行具体比较，见图5-46、图5-47。

如图5-46，白3、5多加两手视觉效果更好。白棋占到1位，控制中央后：白棋上边规模才可能大；同时黑棋右边受到抑制；中央黑棋三子日子不好过；白棋四子舒服。

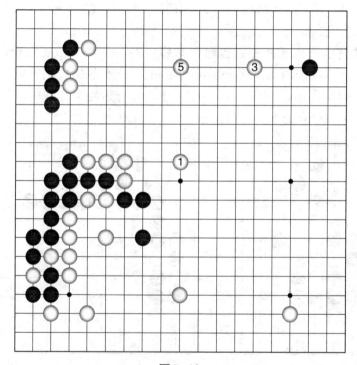

图5-46

如图5-47，黑1占到中央，则与图5-46完全相反：白棋上边大不到哪去；黑棋右边与中央呼应，极有可能形成规模；黑棋中央三子舒服；白棋四子很受伤。

白44是本局学习重点，也是本局白棋布局成功的关键。白44即是人们常说的"天王山""摩天岭"，是形势消长的要点。

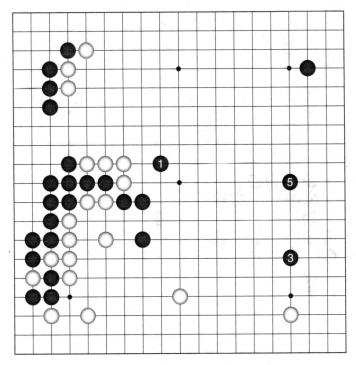

图5-47

▶ 第4谱：挂角位置与模样结构

如图5-48，黑45从棋形上看是舒展的一手，姿态优美，也是黑棋当前不可错过的一手。如白棋占到此点，黑棋中央三子生命垂危。只是这手棋是被别人追着逃跑，从扩大与发展角度来看，没给黑棋带来现实利益，将来也很难靠这手棋收获什么。

白46挂角有讲究。挂角四个点，很多情况下从哪里挂都可以，而现在这种情况不是这样，只有46位二间高挂最好。不能选择A位、B位的原因如图5-49。

如图5-49，如果白棋走1位或A位一间挂角，上边白棋左右之间的空当太大，结构空虚，黑棋在2位附近打入后，活动空间大，可轻松活棋。白棋上边大模样被打散，整体感被破坏，白棋不好。

另外，白46不选择C位二间低挂的原因是：位置偏低，与中央一子之间的开口过大，因而与中央白棋势力不能很好地呼应。对中央的作战影响小，对右边的争夺参与度不高，总有与全局配合不协调、行动不一致的感觉。

细心的朋友可能会问，白46二间高挂，黑47不能打入上边吗？回答是：当然不能，理由如图5-50。

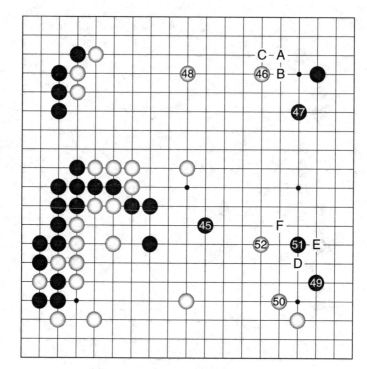

图 5-48

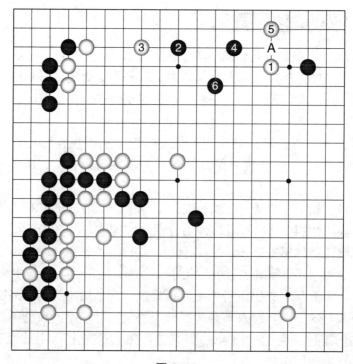

图 5-49

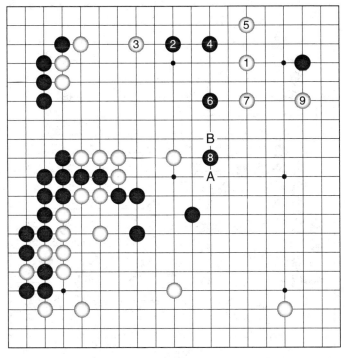

图5-50

如图5-50，白1二间高挂，黑2再打入就不太容易了。白3把黑棋弱棋往一块赶，再将其分开是攻击要领。黑4以下拼命逃出，势必会连累到右上角黑棋的安全及严重影响右边的发展。其中黑8迈大步，危险，A、B两边都能靠断。白9是从容的一手，也可直接在A位或B位靠断作战。本图结果从全局看，黑棋除了左边聚集着大量守空的士兵，在中央及右边，孤立无援，黑2的下法太勉强了。如黑2先走4位或黑4先走5位可能会好一点，但在右上角黑棋一子弱而且右边发展空间还大的情况下，黑棋是不能轻易舍弃这两点而冒险进入上边的，况且进入上边本身不易活，对中央也有不小的负面作用。

如图5-48，黑47、49发展右边。由于下边及右下角白棋两子弱，白50加强，同时准备下一手走D位飞压，黑E跳，白F飞，威胁两边黑棋。黑51飞，高位落子，既加强黑49一子，又照顾中央黑棋弱子，还有对下边白棋的攻击手段，三面兼顾。对下边白棋的攻击手段见图5-51。

如图5-51，黑1打入，十分严厉。白2护角，黑3夹击白棋边上一子；白2如走3位附近，黑棋在A位飞，攻击白棋角上二子。

白52一子多用，是本布局最后一个值得学习的好棋。白52加强了下边，扩大了下边，威胁到中央黑棋四子和右边二子安全，抑制了黑棋右边发展。

至此，本布局终了。

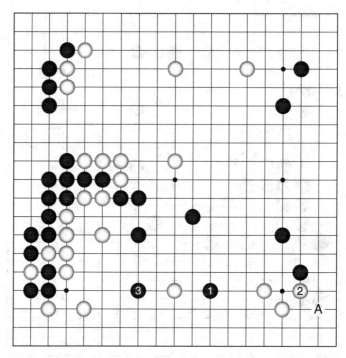

图 5-51

▶ 本局总谱（图5-52）

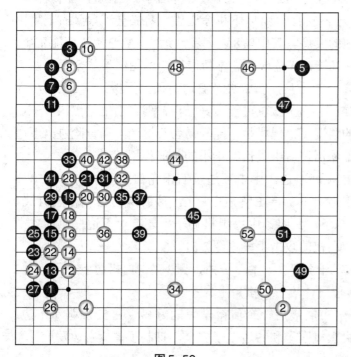

吴清源本人结语：
本局白棋全盘处于高位，扩大了自己的阵容；而黑棋中部浮动的四子和49、51两着仍处于不安状态，所以说白棋大有希望，黑棋则不容乐观。

图 5-52

第六章　弃子战术

弃子指直接走达不到目的，而主动地用相对不重要的子力（即以稍小的代价）吸引调动对方子力，在对方采取吃子或围攻等行动的时候，可寻找机会达到转换、利用、牵制、变换方向、争先、获得发展势力等目的。

送给对方棋子吃看上去很亏，其实不尽然。以小的损失换取对方大的利益，或是用自己无用的、价值不高的棋子，换取对方有用的棋子、换得较大的优势，是一种非常高明的策略。擅长弃子就能在对局中不断以一种小的投入换取大的回报，从而不断获利。

一、形形色色的弃子

1. 自然弃子

自然弃子起到局部牵制作用，有利于全局要点的抢占。

如图6-1，白1挂角，处于进可攻退可弃、本身很不容易被吃的绝好位置。黑2夹攻，白3、5不与黑棋纠缠，直接经营右边。黑4、6之后，白棋在角部还能活，黑棋还需在A位或B位补一手，吃白1一子总共要花费五手棋。这样看来，白1弃子也不吃亏，没有白1，黑棋不会在这里走这么多子，白1在局部牵制了黑棋较多的子力，使得白棋有更多的子力去抢占全局其他要点。

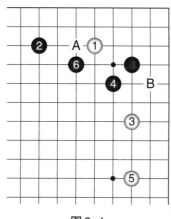

图6-1

如图6-2，白2一子位置好，黑棋用了四手棋，今后还有白A、黑B的先手利用和白棋C位托的骚扰手段。其中黑7走D位干净些，但目数也就更少了。这种牺牲局部利益，为了全局的弃子属于自然弃子。

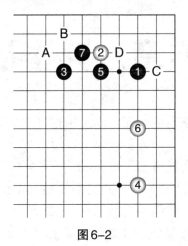

图6-2

2. 暂时弃子

暂时弃子是弃掉局部重要的子，在争夺全局要点之后，再加以保护和利用。

如图6-3，白1粘，下一步可在A位断吃黑▲一子，由于黑棋A位粘只是

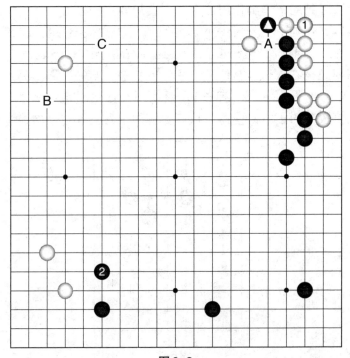

图6-3

局部问题，此时的黑2跳对全局更为重要，因此A位对双方来说，暂时都不会下，当下一阶段在左上、右下一带分别展开争夺时才会围绕A位断点采取措施。由于这是局部必须服从全局的弃子，我们叫它暂时弃子。其中黑2即使不走左下一带，也会在B位或C位左上挂角，这里局面广阔且白棋较弱，从全局角度考虑也更急迫一些。

如图6-4，黑1、3便宜后，下一手白A、黑B、白C，可吃黑3一子，但黑5张势与D位、E位挂角比A位更大，双方都顾不上这里。

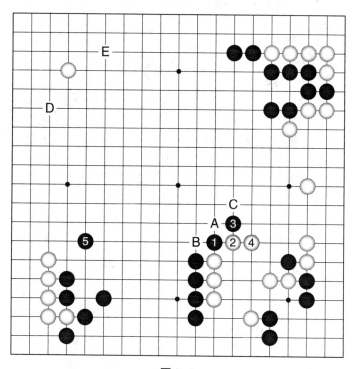

图6-4

如图6-5，左上与左边大棋走完之后，中央形势成为全局的关键，黑1抢先一步，护住断点，心情甚好，这也说明了当初这里只是暂时弃子。

价值小一些的暂时弃子，一方要弃，另一方也是绝不会马上吃的。

3. 弃子获利

弃子获利是不付出代价，在对方空中利用弱点，通过弃子渔利。

【例1】如图6-6，黑先。

如图6-6，一旦外面成为黑空，白棋A、B处的官子都是先手，角空增加，同时黑空缩小，黑棋难以容忍。

解答：如图6-7，黑1断，在白空中弱点处弃子，完全不用付出任何代价（因为白棋在自己的空里走棋，空没有增加），白2无论从哪里打吃黑1，都将

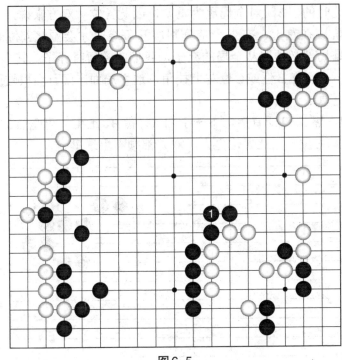

图6-5

被黑棋打到另一边。如此黑棋先手防住白棋一边的扳粘，净赚4目。

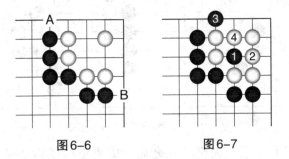

图6-6　　　　图6-7

4. 弃子封锁

弃子封锁是将自己子力置于危险区域，同时威胁对方，逼对方吃掉，最终以付出较小代价达到先手封锁的目的。

【例2】如图6-8，黑先。

如图6-8，白10本可以在16位直接取角，但白10以下固执且费力地吃掉黑1一子，将黑棋外势撞强（黑1、白4均无主动舍弃的意思，对方也不是非吃不可，因此均不能称作弃子）。此时轮黑棋下，黑棋如何封锁A位开口？

解答：如图6-9，黑1如走2位、4位封锁虽然安全，但都会落后手。黑1夹，进入白棋火力射程内，主动弃子，好棋，白2被逼吃子，至白6，黑棋先手完全封锁。黑棋以小的代价省下一手棋，这是弃子封锁的常用之着。

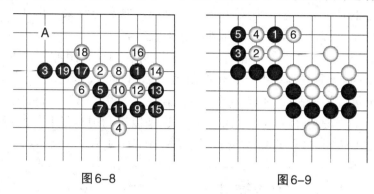

图6-8　　　　　　　　　图6-9

5. 弃子取势

弃子取势是配合全局需要，在局部付出一定代价，通过弃子换取外部厚势的下法。

【例3】如图6-10，黑先。

如图6-10，面对黑棋夹攻，白4靠，攻击黑1一子，黑棋怎么办呢？

解答：如图6-11，黑1可在4位扳，从攻白棋弱子入手，一边出头一边整体攻击白棋。

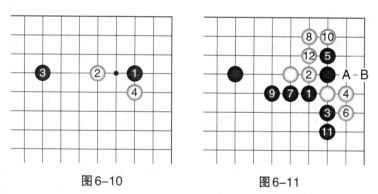

图6-10　　　　　　　　图6-11

如果黑棋其他处有一些高位子力配合或对方有一些弱棋，黑1扳出，弃子取势十分有力。白2断毫不留情，黑3打，让白棋处于低位，主要是保护一下黑1一子。黑5先延气再弃掉，外面能获得更多利用，否则被白棋在5位一手棋吃干净不好。白6曲出，逃白棋二子，黑7至黑11封锁，并且获得先手，下一手可转走其他处张势或攻击白棋，全局主动。其中白12如不下，黑棋在A位贴，白棋在12位连，黑棋在B位立，白棋不好办。

如图6-12，黑9长，再多弃一子，十分厉害。只要能宽出更长的气，黑棋就可能在外面获得更多的利用。至黑17，黑棋将白棋包得更严，但多花了一手棋，落了后手。在没有其他更要紧的地方可下，并且上边可形成好的配合时，本图可行。

要注意的是：弃子不能让对方一下子吃净，要宽出气来，再让对方把弃子提起来，这个过程，弃子一方可在外围获得收益。

如图6-13，黑5点，是准备弃黑1一子取势。白6至10冲下，下一手白棋走11位扳即可一手吃净黑1一子获得角地。黑11延气，多弃一子是好棋，在白棋的后方展开游击战。白14不得不专门补一手。黑15靠，对白棋实行封锁。黑17再弃子，形成组合弃子，先手封锁。这是黑棋利用弃子取势的标准定式。

其中白10如走11位直接吃黑1，黑棋在10位立好棋，之后黑1仍有活力。

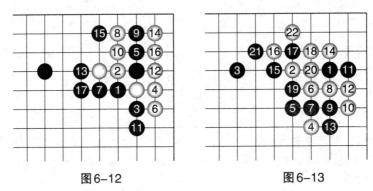

图6-12　　　　　　　图6-13

6. 弃子争先

弃子争先是指付出一定代价，弃子让对方吃，达到加强自己、快速行棋的目的。

【例4】如图6-14，黑先。

如图6-14，白4顶、6扳形成雪崩定式。下一手A位断点如何补呢？普通A位、B位、C位都可补断，D位、E位是更有追求的补法，另外，也有弃子争先的补断方法。

解答：如图6-15，黑1连扳，逼白2、4来吃，黑3顺势补上断点，黑5转向上边，7位再次利用黑1弃子完整角部。从过程看，黑棋手法干净利落，但也让白棋变强了，付出的代价相对较高。黑1属于局部快速定形的下法，重视的是行棋速度。

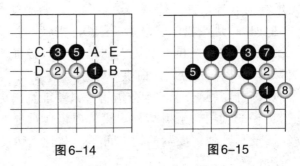

图6-14　　　　　　　图6-15

【例5】如图6-16，黑先。

如图6-16，白棋随时在A位扳可先手获得3目棋。黑棋如在A位立，瞄着下一步B位跳是好棋，但仍是后手。要想出更紧凑有力的手段抢占这里的官子。

解答：如图6-17，黑1位点入，对白棋构成威胁，属于弃子争先的下法。白2挡，黑3、5防止了白棋扳出，黑棋通过弃子逆收了2目棋。这一下法，可算弃子得利，也可算弃子争先。

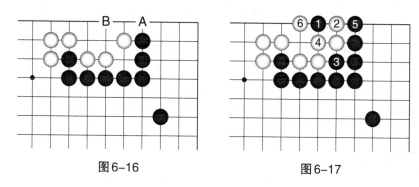

图6-16　　　　　　　　　　图6-17

二、弃子的利用

弃子的作用是获得各种利用：比如让对方的棋形结构味道变差；让对方联络出现瑕疵，从而多获得一些劫材；让自己能借力行棋，将自己的棋形走得更坚固、厚实；将对方封锁得更严密等。

1. 利用弃子给对方留下更多余味

【例6】如图6-18，白先。

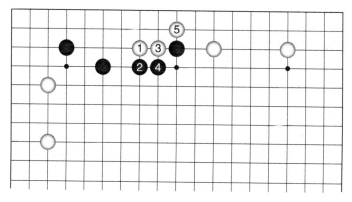

图6-18

如图6-18，白1打入，黑2压，以下白3顶、5扳后，黑棋下一手怎么办？
解答：如图6-19，如果黑棋只顾把形走好，则黑1粘，让白2长，白棋棋形联络也很完美，今后白棋A位不是很弱，黑棋施展手段较难。

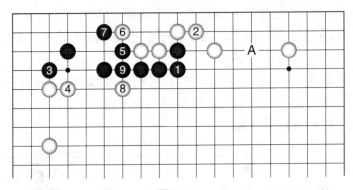

图6-19

如图6-20，黑1连扳不让白棋连回，白2打，黑3顺势粘回。黑11后，黑棋如在A位、B位、C位破坏或在D位、E位组合及F位、G位的袭击，白棋都不好办，黑1给白棋留下了不小的后患。这个弃子得到的好处是给白棋棋形留下余味。

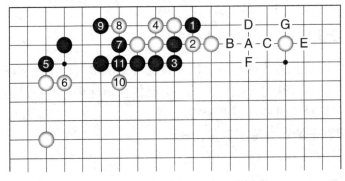

图6-20

2. 利用弃子获得劫材

【例7】如图6-21，白先收官。

解答：如图6-21，白1先手扳，黑2粘，这里再走将落后手，白3走别处官子。今后黑4打是先手官子，白5粘。这里的官子你认为有问题吗？高手们在这里是不这样走的，如图6-22。

解答：如图6-22，白1先断一手，弃一子，不让黑棋在这里直接粘，白3先手打，白5转走其他处。之后黑6先手打，白7接，这是正确的官子定形。至白7，与图6-21相比，白棋在这里多了一个A位劫材，如果棋局最后出现劫争，要靠劫材多少定胜负，那么这个劫材将可能决定整局棋的命运。细棋局面下是经常靠劫材多少决定胜负的。

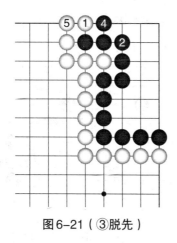

图6-21（③脱先）　　　图6-22（⑤脱先）

【例8】如图6-23，白先。

解答：如图6-24，这个断点更靠近角部，为了不让黑棋在1位粘，白1、3必须弃二子，至白9，今后角上可获得1位一个劫材，用心良苦。胜负就是从每手棋里多挖掘一点点好处，最后积累起来形成的。

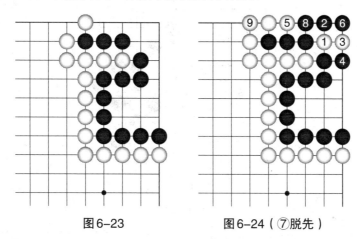

图6-23　　　图6-24（⑦脱先）

3. 利用弃子整形

【例9】如图6-25，白先，如何将棋走厚？

解答：如图6-26，白1靠，要封锁黑棋。黑2扳，争取出头。白3扭断是弃子整形的好手，弃掉这一子可获得两个先手打的利用。黑4打吃这个白棋的弃子也是不得已，因为这里黑棋也较弱，必须要加强。白5是第一个先手打的利用。下一手看黑6是粘还是提，白棋在7位或6位还能有一个先手打的利用。弃一子，黑棋目并没有增多，白棋换来了外面两手打，白棋整好自身棋形，心情还是不错的，当然，白棋在黑棋角里面也没有手段了，黑棋也可以接受。这种扭断弃子换取两手打是很多类似局面下的常用下法。如果白棋把这里看做厚

163

势，并要在右边成空，白9可在A位虎；如果白棋更重视中央及上边的作战，白9可大跳补断，黑棋不能在B位断，否则成图6-27。

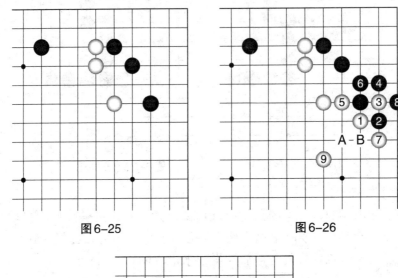

图6-25　　　　　图6-26

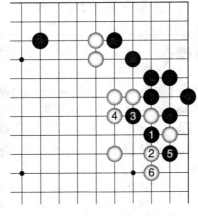

图6-27

如图6-27，黑1断，白2弃子包打。如此白棋将二次弃子，黑棋第一次吃弃子是角部由弱变强，交换还说得过去。这第二次吃弃子就是强上加强，只多了几目棋而已，明显亏了。

【例10】如图6-28，白先，如何整形？

解答：如图6-29，白1靠，想把角上实地给黑棋，同时把白棋走强。但白3退十分失败，黑4接，一手补牢弱点，成为攻不破的棋形，今后在角上什么事也不会发生，白棋没有获得利用。

如图6-30，白3断，是弃子战术的关键。不让黑棋把断点一手粘牢，要让黑棋经过吃掉白3一子的过程之后才能连成一处，这个过程不是一手棋的事，白棋就可借机在外面获得利用了。黑2有很多下法，现简单地挡是不想在这里

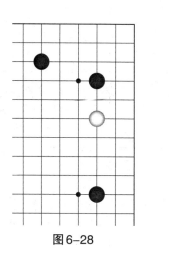
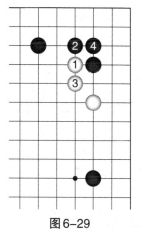

图 6-28　　　　　图 6-29

惹出麻烦。黑4走强弱子，只想尽快吃死讨厌的白3一子。白5至白11弃白3一子，外面获得了一定的利用，但仍是不够的，黑10吃净白3一子还是有些容易了。见图6-31。

如图6-31，白1再贴一手，多弃一子，对黑棋的威胁也增加了，这样黑棋吃白棋需要再多花费一手棋，白棋外面就可多利用一手，目数和眼位都相差不少。结果白棋形状整齐、厚实，获得了最佳效果。

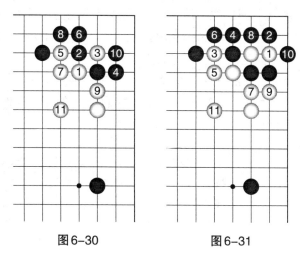

图 6-30　　　　　图 6-31

【例11】如图6-32，白先。

白棋逆向挂角，以右边的发展作为重点。黑2夹攻，逼白棋作战。之后白棋如何整形？

解答：如图6-33，白1靠压是有力的一手。白3退至白7大跳，双方各自补强，达成妥协。

从过程看，白1给黑棋施加了巨大的压力，之后迅速收兵，意思不是很明白。难道白1压，黑2扳，白棋就没着了吗？

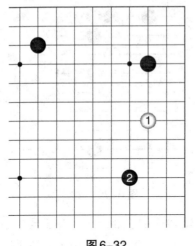

图6-32

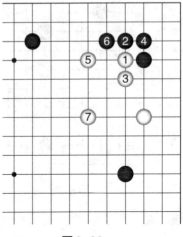

图6-33

如图6-34，白3弃子，意思是不让黑棋轻松粘上，这手棋十分凶狠。但更凶狠的还在后面，下一手不管黑棋走4位、A位、B位还是C位，只要来吃白3一子，白棋就在5位继续宽气做顽强的抵抗，前提是白棋征子有利，即黑棋不能通过征子吃掉白1一子。这样，黑棋不得不再次组织力量，全力对角上的白棋发动进攻。如果吃不掉白棋角上二子，又吃不掉白1一子，黑2或黑❶一子自己就要被吃。如此一来，在黑棋吃白棋角上二子过程中，白棋外面会获得很多利用，想来结果不会差。

如图6-35，黑1的下法很多，白2厉害。黑3的下法也很多，之后变化稍复杂，图6-35仅为一例，至白16，白棋已不是受攻之形。其他结果与本图也都大同小异，白棋弃子制造麻烦的战术思想不错，因此获得成功。

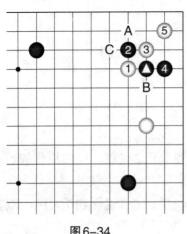

图6-34

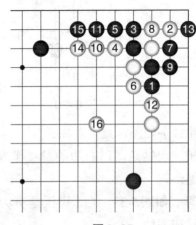

图6-35

三、弃子的效果

本节通过对比弃子与不弃子、弃子彻底与不彻底来揭示几种层次下法所表现出来不同的效果,来唤醒我们的弃子意识,使得我们能在今后的对局中,通过多运用弃子,提高我们的思想境界。

【例12】如图6-36,黑先。

如图6-36,上边几个黑子很弱的样子,如何加强?看起来要走A位补。如果这样,棋就走松了,白棋可在B位虚攻,右边黑棋很难成空,黑棋明显不好,那么黑棋怎么下情况能好起来呢?

如图6-37,黑1贴紧白棋弱子,大大增加了对白棋的压力。白2守正确,越往外撞黑棋越强。黑3挡,白4打入,今后凭借A位、B位的利用,黑棋不容易展开有力的攻击。但黑1比A位补紧凑有力得多。

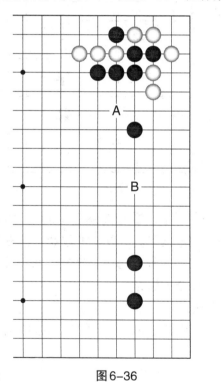
图6-36

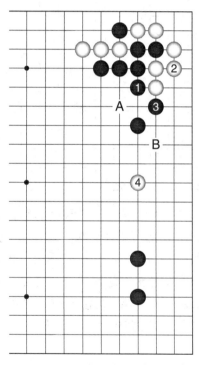
图6-37

如图6-38,黑1先手断,弃子。黑3逼迫白棋吃子,白4以下不得不吃黑1之子,并尽量影响外面,给白棋留下8位、12位两刺之利,至黑13,尽管白棋得到两个刺的便宜,黑棋形厚实程度依然超过前图。白14只能尽量远离,但依然明显处于受攻击状态。

如图6-39,黑1在图6-38基础上多弃一子,白棋吃黑棋又多费了不少劲。

黑1一边宽自己气,一边逼着白棋往外跑,黑3再迎头拦住,之后A、B都是先手,形成完美封锁,如此,白棋再要进入右边,恐怕要鼓足勇气,拼命计算、规划、选点才行。黑棋心情大好。

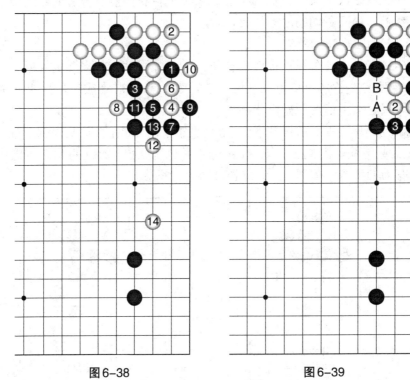

图6-38　　　　　　　　图6-39

如图6-40,黑1在图6-39基础上再多弃一子,看看效果吧。黑1仍然边延长自己气边把白棋往外推,黑3以下先手完成封锁,再9位护住断点,右边已经成实地,黑棋多弃二子几乎没付出什么代价。看看当初黑棋右边间隔及棋形结构与本图黑棋右边间隔及棋形结构,差异令人惊奇。

如图6-41,黑9再接再厉,再利用上边二线一子连压几手,在上边付出一些空的代价,再19位补回,形成宏大理想黑阵。下出这样的棋,心情也是极为舒畅。

在本问题中,弃子与不弃子,弃子多一些与少一些大不一样,其道理就是里面多牺牲一点,换回外面利用,得到的就是完整的势力结构,这是挖掘对方弱点与弃子利用收效最大化的典型案例。有的时候弃子不在二路线,弃子可能也会多一些,但只要外围空间广阔,子力能组合成强大势力,都可以漂亮地弃子。

四、弃子与反弃子

【例13】如图6-42,白先。

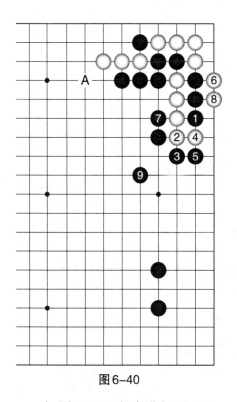
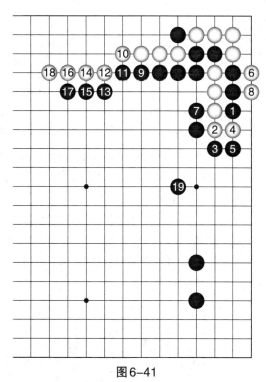

图6-40　　　　　　　　　　　图6-41

如图6-42，定式进行至黑11，白棋上边三子急需活棋。怎样能顺利达到目的呢？观察一下，黑1与黑5之间是小飞关系，这里可以借弃子施展一些手段，获得利用。

如图6-43，白1是弃子得角的一手。黑2无谋，正好凑白3断。黑4、6无

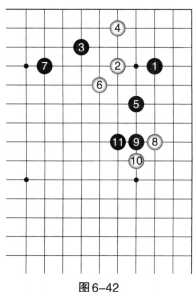
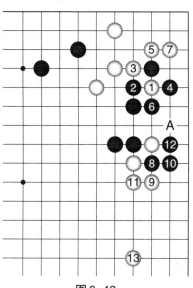

图6-42　　　　　　　　　　　图6-43

可奈何，至白7，白棋弃一子得角，心情舒畅。黑8不得不走，否则白棋在A位尖，黑棋整块棋无眼。白9以下再弃一子，又获得了一定的外势。

如图6-44，黑2好棋，放白3一子回去，反而使白棋什么也得不到。白3退出，无谋的一手。白5断，以重要的一子来换黑角，结果黑棋吃掉白5一子成为厚形，再在10位控制住白棋二子占得上风。其中白3如在4位贸然冲出，黑棋在3位断白棋二子退路，白棋在A位断，黑棋吃白棋二子，顺势将右边二子也重伤了，白棋损失远远不是得角能弥补得了的。本图白棋失败的关键是白3救回白1一子，想一想，黑棋不吃白1之弃子，白棋为什么还走3位去救出这一子呢？如图6-45，白棋有好手继续弃白1一子。

如图6-45，白3高明，下一手可以在A位冲了。黑4断好棋，既伤害白棋二子，同时也使下一手白棋不能在A位冲了，否则黑棋走B位，下边白棋二子自然死亡。白5打至黑8，双方各取所需，形成双方同时弃子形成转换的结果。今后，白棋右边还有C位、D位等利用手段。本图是标准定式。

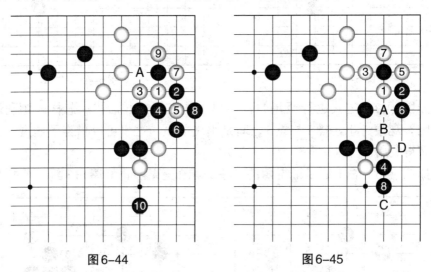

图6-44　　　　　　　　图6-45

第七章　塔防式围棋实战死活

塔防游戏来源于"魔兽世界",后来"植物大战僵尸"游戏也采用了塔防形式,现在已经出现了整个塔防类的游戏。塔防类游戏当初的设计思想是把整个游戏中最精彩、紧张、激烈的战斗部分集中起来,使在攻防力量较平衡状态下的各方部队一开始就直接进行殊死争斗,用于训练、提高游戏者的战斗操控技能。

与塔防游戏一样,围棋对战中主动防守的一方设计并布好阵后,另一方（即被动攻击的一方）开始攻击阵中的弱点,于是,一方拼命要活,一方坚决要杀,双方即刻开始最精彩、紧张、激烈的杀大龙。最终全盘无活棋则防守方获胜,全盘只要活一块,则攻击方获胜。

如果是同等级高手,全局18子防守时不能活；全局17子防守时很难杀。

力量强的一方设计好阵形,并布好阵,等待对手来攻,因此叫主动防守。力量弱的一方要活棋,被逼迫着不得不向比它强的一方发动攻击以谋取眼位,所以叫被动攻击。当然,其攻击目标还是防守方防守力量相对较弱的地方。

这样的实战死活训练与塔防游戏极其相近,对战双方的训练强度较高,训练效果也相当不错。

这类实战死活训练的好处是：具有深度、广度、灵活性；锻炼战斗中的计算力,即我们常说的杀力；了解熟悉各区域位置的特性及各种组合防守的不同特性及优劣；提高对局者棋盘上的空间感、子的控制力。对于不同的性格、不同程度的对局者,都能直接针对围棋最基础、最核心的内容进行锻炼提高,可快速提高围棋实战水平。

一、区域均衡布防设计原则

我们在这里按角、边、中央分区域探讨。

1. 布防图设计的原则

既要守住全局,又要使子力耗用尽量少,因此,在布防时需要设定和考虑一些相关要素。

子力布防设计的要求：子力分布均匀,不给对手以较大活动空间；在对方容易做眼处重点设防；子力朝向宽阔处；以四边、四角加中央的九部分分别设防并相互照应为好。

具体为：守角部分二到三子，边的部分一到二子，中央最少一到二子，如果一子，各边上子更要尽量位于高处，以便彼此相应。

子力主要以并、立、尖、跳、飞配合防守，这样相对来说牢固一些，以限制对方骚扰、施展手段，从而获得有益活棋的某些相关利用。

求活方实战要求：防守方不会给求活方一大块空地，让求活方一下活出来。因此求活方要在防守方子力相对单薄或相对活动空间较大的地方，施展一些手段，进行一些骚扰，以争取获得较大的利用。如若不行，也要获得一些较小的利用。要将这些利用得来的子力，有机地结合起来，争取活棋。

防守方实战要求：在对方形成眼形之前就加以破坏，就像五子棋，二子时就阻止其发展。将对方各部分间获得的有效利用的子力，割裂开来，使之难以成活。尽量逼对方往狭窄方向行棋，让对方在狭窄处获得利用，不要让对方道路越走越宽阔。少给对方征子、开劫、滚打之类的机会。

2．角部设防

角部是设防的重点，角、边、中央三个区域中，论做眼的难易度，当然是角上最容易做眼，因此角上要重兵防守。

角部常用的无论星位占角还是小目占角，都有两子或三子的组合守角方式。

（1）角部星位设防的常用组合方式

如图7-1，左上星位占角时，角部非常空虚，常用的A～E五种守角均可采用。只是其中有一些分别：星位与C位相配合时，C位太靠近角里，对外面

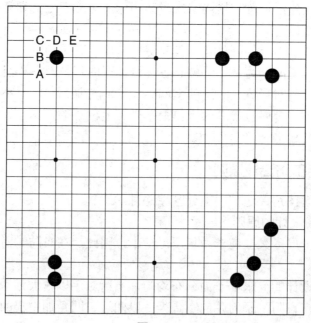

图7-1

帮助不大，有时会有不好的表现；星位与A位、E位配合能照顾到外面，但另一侧边角十分空虚，不能让人放心；而星位与B位、D位的坚固护角方式看起来牢固一些。综合以上，我们认为可采用的方式为右上角或右下角的三子守角或左下的二子守角比较稳固。其他的也并非不行，均可一试。

（2）角部小目设防的常用组合方式

如图7-2，左上小目占角，守角方式有A～D四种选择，小目与C位组合和星位的玉柱下法相同；小目与D位两子组合如左下角，感觉子力分布偏于角内部，其外部过于宽阔，不是很放心。因此主流防守还是会更多地采用右上角和右下角的方式。

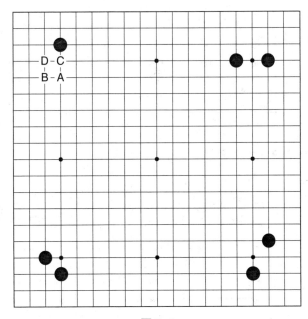

图7-2

3. 边上设防

边上星位附近设防的常用组合方式。

如图7-3，上边星位或右边星下位置，其两侧加中央，范围很大。如果相邻角上是三子防守，则边上也只能设有一子了；而如果角上是二子防守，边的部分借不上角上的力量，那么，仅靠边上一子是不行的，因此有必要给它增派副将。上边星位，通常与A位、B位、C位搭配，形成下边或左边的组合。右边通常与D位搭配，其他点侧重一边，令另一边空虚，不是很好。

二、防守布阵图

全局设防往往根据中央部分是二子还是一子，划分为18子防守图和17子防守图。

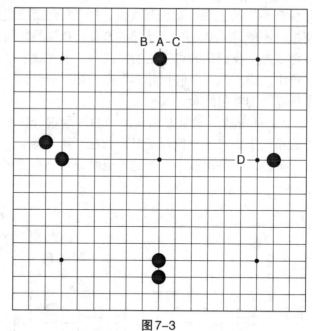

图 7-3

1. 全局18子平衡防守图

（1）星位占角二子防守图

如图7-4，本图比较重视各部分力量均衡，在四个角、四个边及中央九部分中，每部分都用两个子，全局来看，没有明显弱点，是典型的相当不错的布阵图。

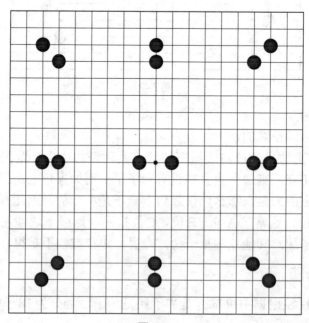

图 7-4

如图7-5，角上的二子并在一起，角部要坚固硬朗一些。但另一侧边则有些空虚，于是边上的一子挪近一路，各边对称布置之后，就成了这样有些动感的图形了。

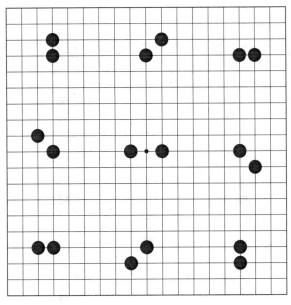

图 7-5

（2）星位占角三子防守图

如图7-6，星位角上三子防守，牢固之余，可照顾到边上，因此，边上可设

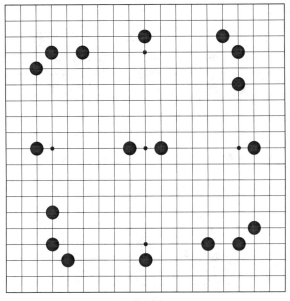

图 7-6

一子防守，中央还是较空，二子防守为好。其中星位三子的单关守角与小尖守角的方向可变。为了力量均衡分布，图形一般都上下左右对称，或四角对称。

2. 全局17子平衡防守图

前面所有的全局18子防守图中，中央二子变一子可成17子防守图形。另外有以下的改进图形。

如图7-7，不对称平衡图。中央一线的纵向分布子力上还是很有平衡感的。

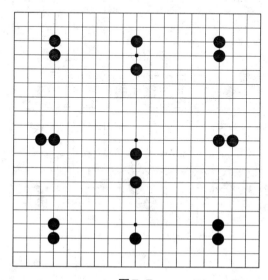

图7-7

如图7-8，与18子防守图相比，中央减少一子后，各边上一子提高一路，声援中央之子作战。

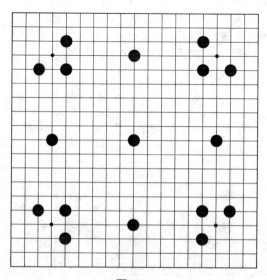

图7-8

如图7-9，与18子防守图相比，中央减少一子后，各边上一子提高一路，助战中央一子。与图7-8相比角部防守之子稍做变动，有利于守角。

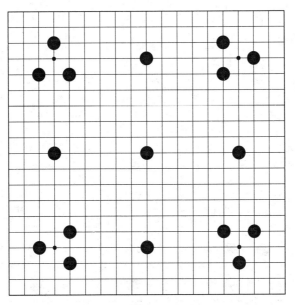

图7-9

3. 全局17子非对称平衡防守图

如图7-10，是全局17子防守图，小目三子与星位三子四角混用。怎么看中央一子，都显得空虚。但全局17子，也只得如此。

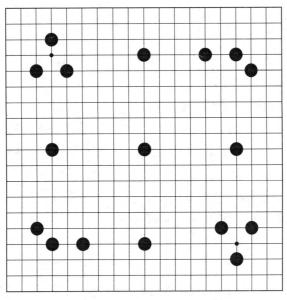

图7-10

如图7-11，是全局17子防守图，四角皆不同的混搭。这个设计使边上的子力有所增加，能稍稍照顾一点中央。

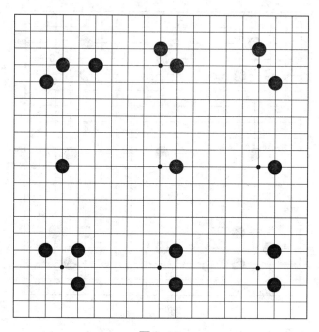

图7-11

以上只是给出了一些常见的防守图，在实战练习中可以设计更多的防守图，还可以逐渐减少防守子力，提高战斗能力。

三、实战死活分析

本节是对常见下法的一些分析，希望广大爱好者能从中学习和欣赏到更多东西，并对提高棋艺有所帮助。

1.全局17子星位三子防守图

如图7-12，白11可单在13位长，今后有可能用到A位的点。要想活，多保留一些变化，多一些选择，成功的可能性就大多了。黑14并不厉害，可考虑走B位扳。白21缓手，可在23位直接碰，之后看情况选择走21位还是C位直接断。白23后，黑棋左边自身难保，已不容易杀白棋了。看来本图中△子的位置设计不合理，处于低一路位置要好一些。

如图7-13，白13之前应做45～48的交换。黑14、16不可如此无理。这样一来，白17成为先手，以下白45～49随时可活。黑14可考虑在49位挤。

如图7-14，白7等以下着法相当顽强，而黑棋较缺乏精确计算，被白棋利用处较多。至白81，白棋上下两处弱棋已彼此相应，局面黑棋困难。

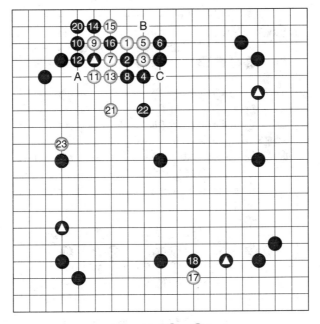

图7-12（⑲=⑨）

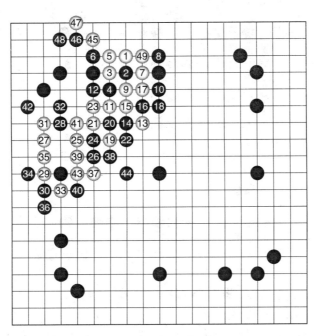

图7-13

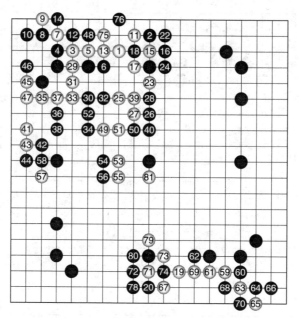

图 7-14（㉑=⑮ ⑦⑦=㊁）

如图 7-15，黑 46 严厉，白 47 灵活，黑 48 需要计算。至白 77，白棋三处弱棋彼此响应，白棋相当有希望。

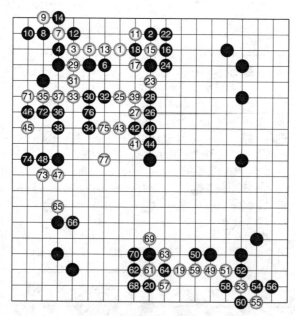

图 7-15（㉑=⑮ ⑥⑦=㊿）

2. 全局 17 子星位二子防守图

如图 7-16，白 7 急于获取眼位，不妥。黑 8 稍感松懈，直接从上边扳更厉害，白棋实际做眼的空间狭小，将十分困难。黑10点入风风火火，虽然破掉了本地的眼位，然而负面作用也十分明显。黑20、22用强，感觉黑20走31位好一些。至白41，双方在上半盘将展开新的攻防之战，前途未卜。

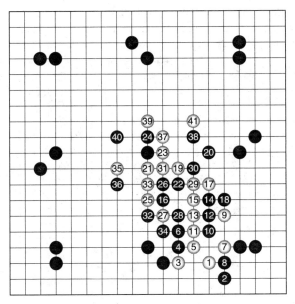

图7-16

如图7-17，白7试图改进，但活棋之路仍遥遥无期，虽然不是必死的结果，然而两眼活的可能性不大。如此看来白3的下法有必要改进。

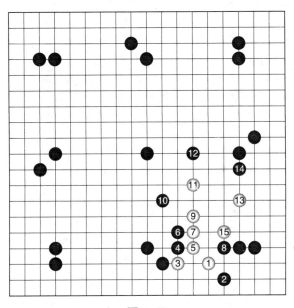

图7-17

如图7-18，白3的下法有弹性，可以尝试对付黑2。如果黑棋四角同形应对，则中白棋计。

像本图这样边角防守较严密的状况，只有全局联合策动，才容易成功。至白25，白棋赢得中央广大活动空间，心满意足。

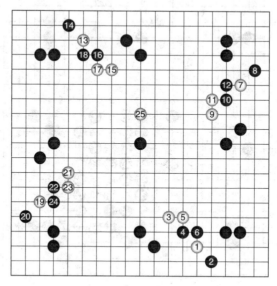

图 7-18

3. 全局17子小目高位防守图

如图7-19，黑4后棋形结构出现弱点，不能与白棋开劫，黑棋外围尚薄，白棋已基本构成活形。

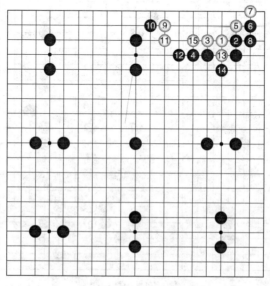

图 7-19

如图7-20，黑6能挡总要挡。黑12过分，白13以下猛攻黑角，至白19，简单活棋。

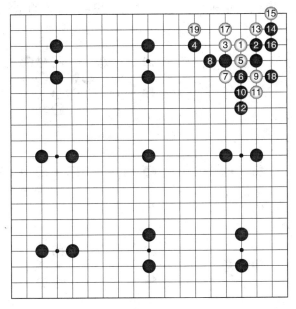

图7-20

如图7-21，黑12错着，白15错过机会。至白35，双方误打误撞，前景不明。黑12应在16位立，角部干净。白15应在16位扳，接下来黑棋挡、白棋在A位虎，角上不净，之后上边或右边白棋可借攻角求活。本图至白35，白棋有

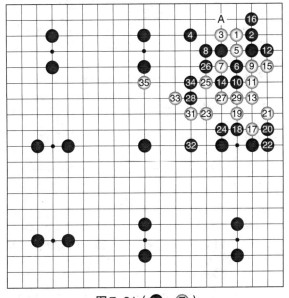

图7-21（㉚=⑦）

弃掉右边转战左上的意思。

如图7-22，黑12本手，白13至21借助右下角的白子，获得了极大的活动范围与做眼空间，黑棋太难杀白棋了。总之，黑4、6、8的杀法自身极其危险。

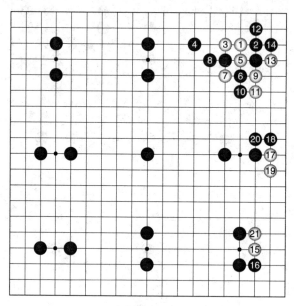

图7-22

4.全局17子小目低位防守图

如图7-23，白棋由角而边逐渐往中央渗透。

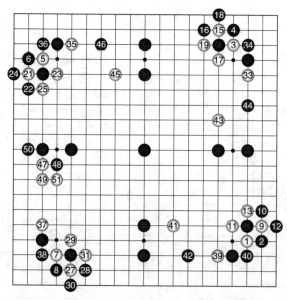

图7-23（⑭=⑨ ⑳=⑮ ㉖=㉑ ㉜=㉗）

如图7-24，全局一起出动的结果往往是牺牲一些地方或更多的地方，让某一处好起来。局部不好下手，使局部与局部之间联动，或全局联动。集中所有有利因素进行抗击，希望就会来临。

其中白25与黑26交换有点早，白棋直接走27位好一点。白25碰、黑26长后，白27走25位的下边跳也不错。

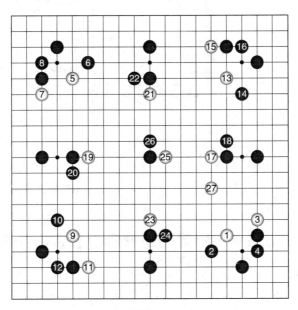

图7-24

四、其他常见训练图形

如图7-25，这是最流行的攻防对战图之一。白1（或其他点也可以）要做活，黑棋来杀。结论是：白棋可活。

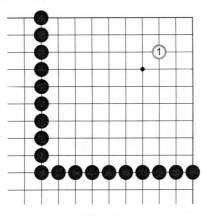

图7-25

如将图7-25略做修改成图7-26，则结论为：白棋不可活。

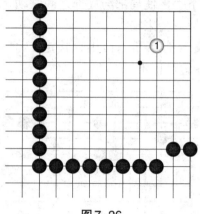

图7-26

如图7-27是最流行的攻防对战图之一。黑棋将棋盘围了一圈，声势浩大，但内部空间也不小，白1（或其他点也可以）要做活，黑棋来杀。结论是：白棋不可活。

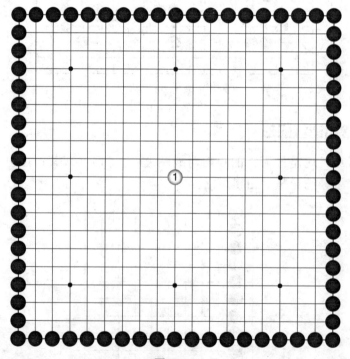

图7-27

第八章　初段水平实战对局解说

一、行棋思路

一局棋的战斗大体是围绕着四个角和四条边来走的，这些区域哪里是当前最该进行战斗的地方，哪里不是，要分清楚。即要在价值高、作用大、有关大局的地方抢先行棋或进行战斗，不要没完没了地在小地方你争我抢纠缠不休。

争单官、抢后手、杀活棋是错误的极致表现；开局爬二路、用自己厚势围空和与敌人厚势作战也是致命的问题。这里实际说的是影响胜负的三个重要因素：①价值大小要分清；②要抢先手，不要总跟在别人的后面行棋；③用自己的厚势围空是没有什么作为的举动，而攻对方的厚势则是不明智的选择，要攻其不备或攻其弱点。

那么正常的对局思路是什么呢，以下是一些要注意的问题。

① 选择弱点集中、影响范围广的地方作为战斗的场所。

② 每一步尽量要有攻、防、发展作用和目数价值。

③ 走棋要针对双方弱点，如果对对方没有伤害、威胁、攻击，对自己没有加强保护作用，这样的棋多数情况下不是急所。

④ 不要过于靠近对方的弱子。贴着对方弱子太近，会使对方弱子变强，自己的子反而要死。应该设计好包围对方的包围圈，务求规模大、牢固、用子少。

⑤ 作战目标要明确。每一步想好要干什么，如围哪块地，攻对方哪块弱棋或防自己哪处弱点，哪里是双方发展的方向等。不明确自己所下的子的意图，在对方子多的地方盲目行棋，必然会吃亏。

⑥ 能保留变化的地方应尽量保留变化，将来可选择更好的时机，选择更顺应局面情势的下法。

⑦ 注意行棋方向。应该走在能围到目、能加强自己、相关单方乃至双方眼位的一边。要选择广阔的方向行棋，不可选择子力密集、拥挤的一边。

⑧ 局部战中，也应选择弱子所暴露出的弱点为攻击目标，对对方伤害较重；忌贴着对方强子走，伤不到对方。

⑨ 前半局中，不能打入过早。如果在对方的空中活一小块棋，同时把对方外围走强，除去对方所得，自己活这块棋的收获所剩无几，价值极低，甚至得不偿失。应走有关攻防及发展的地方，尤其在更早的布局阶段。

⑩ 不在战斗中或对方也有弱棋的情况下，将自己的子处于危险的境地。也不要让自己处于低矮狭窄之处，也就是价值较低的地方。

二、初段水平实战对局分析

第1局

▶ 第1谱：如图8-1，黑1～白20

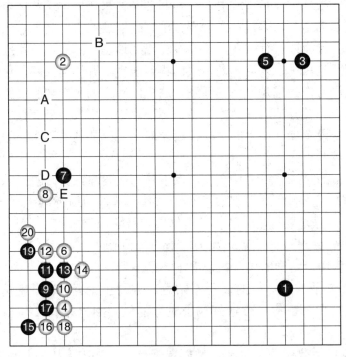

图8-1

① 黑7没有靠近对方弱点，无攻击作用；只一侧有发展，所处位置不能两面围地；如遭到对方夹击，自己安全没有保障。这手棋可考虑于左上在A位或B位挂角。

② 白8攻击方向与手法不对。从子力均衡分配角度说，这手棋应从上边C位附近逼住，形成两面夹攻。从攻击手法上讲，白8离对方过近自己会受到很大伤害，与对方的子空开一或两路距离，自己的子才安全。

③ 黑9直捣敌巢是非常危险的举动；破空时机过早，就算里面活了，将

白棋外势撞厚也亏了。现黑7与白8正互相威胁，应在D位挡，保护自己、严重伤害对方，否则白棋走D位或E位，黑棋伤势严重。

④ 黑11目的不清。看不到攻击与利用的地方，走下去会加大损失。应保留17位长进角做劫的变化，直接走E位压。

⑤ 黑13只是为了单纯活棋，对白棋构不成威胁，反有助长对方势力的作用。

⑥ 黑15无攻防作用，黑棋三子与白4、10二子都很弱，应在17位贴，强壮自己，威胁对方。

⑦ 白16攻击目标错误。黑棋三子弱，黑15一子强，应在17位冲，攻黑棋三子，黑棋挡后，白棋在19位立，黑棋立即崩溃。

▶ 第2谱：如图8-2，黑1～白26（总21～46）

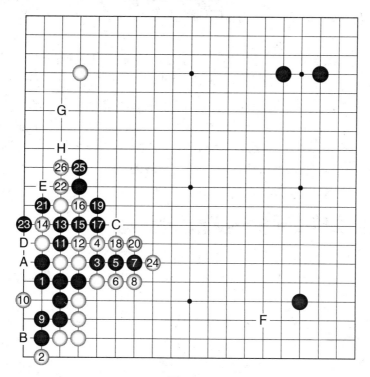

图8-2

⑧ 黑1对眼位不利，应在A位立，扩大眼位，今后白棋在B位夹，这里成为劫活。

⑨ 黑7松缓。白棋两边都弱，尤其下面二子气紧头软，当然应在8位扳白棋二子头。

⑩ 白8价值很高，但不是最急之所。可考虑在19位跳，先补11位的断点。下一手再在8位贴。

⑪ 黑9接，恶手！当然应在11位立即分断白棋，这里的白棋都是弱不禁风的棋筋，吃掉哪边都可获得巨大利益。

⑫ 白10杀棋根本不成立！没有看到自身弱点。应在19位补，加强自己攻击两边，同时做杀角准备。左下角黑棋几子再过三十步杀也不晚，开局几十步棋内，走在哪里也不会比左下角小。

⑬ 白14缺少计算，面对黑11突如其来的反击要沉住气。拼的结果必然是加大了损失。应在24位扳头，黑16、白20、黑22，形成转换。

⑭ 白16打，舍身撞气，让黑棋多出了一个断点，变得薄了一些，以下黑棋不得不拼命吃白棋，这样白棋在这里牵制住了黑棋，使得白棋中央厚实地提掉了黑棋三子，也取得了一些战绩。但仔细比较，白16还是应走C位尖，左边黑棋吃白棋相当费劲，结果比实战要好一些。

⑮ 黑21应走22位，可一手棋干净吃掉白棋四子。分开吃浪费手数，黑棋这里损失了一手棋。

⑯ 黑23一线打吃，没有价值。即使走一路线打也应在D位打。黑23本手是在E位打，下一步或在26位提白棋三子或在24位逃出自己三子。

⑰ 黑25太小。左边黑势极厚，吃白棋三子意义不大。当务之急是防白棋左下厚势发挥威力。黑棋应在F位守住较弱的右下角并限制左下白棋借势围空。

⑱ 白26逃这几个子很勉强，十分冒险。目前双方争夺的场所第一是右下角，第二是上边，第三是右边，这里不是作战的地方，白棋即使要走，也应在G位先守角，将来再来救这三个子。

第3谱：如图8-3，黑1～黑13（总47～59）

⑲ 黑1放虎归山，缓手。应走2位扳，白棋死。

⑳ 白2应走4位跳出，黑棋如在2位冲，白棋可在A位先手打，再在B位挡，黑棋断不开。

㉑ 黑3缓手，应在4位扳，白棋仍然死。

㉒ 白6与黑7交换，严重伤角。以守为先，以活为大，这当然不是在战斗中应有的态度。白6正确的下法是先在8位冲，黑棋挡，白棋再在6位扳，接下来黑棋如在12位粘，白棋在7位可渡过；黑棋如在7位挡，白棋在10位断，黑棋在12位粘，白棋在11位断，可吃白棋三子突围。

㉓ 黑9转攻为守、转外而内。这手棋下在白棋星位内侧，有几点不足：伤害白棋不重；目数不多；保护黑3、5二子不力；对黑棋上边发展贡献不大；对左边白棋攻击作用轻微。正确下法见图8-4。黑1出头，把棋走在外面。棋形舒展，整体围攻白角，外部发展空间大，至黑11，结果明显比实战好。

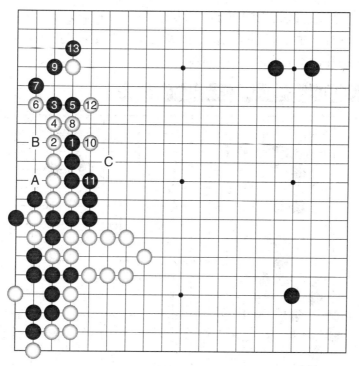

图 8-3

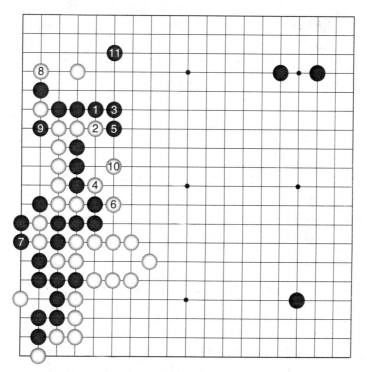

图 8-4

㉔ 黑11恋子。救无用的三子，棋形也不好。在有攻防、发展要点要抢占的时候，走这样一手不痛不痒之棋，损失之大，直接可以扭转局势。即使补断也应在C位跳补，子力活跃，守中有攻。

▶ 第4谱：如图8-5，白1～白7（总60～66）

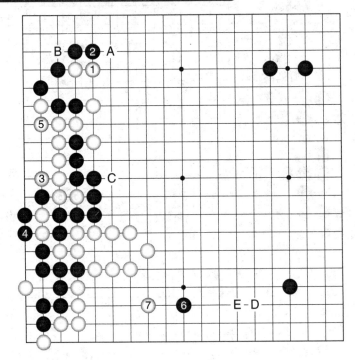

图8-5

㉕ 白1缓慢。左上一带基本已告一段落，目前的情况是：下边有白势；右下黑棋星位子较弱；右下一带待发展空间巨大。因此当前局面可考虑图8-6的下法。

白1先手逼退黑棋，黑2只能粘，今后黑棋走A位则白棋走B位即可。白3重要，黑4如打入下边作战极为不利，如守角，以下白棋围起大空，局势不错。

㉖ 黑2遗留弱点。下一手白棋在A位挡，黑棋还要在B位粘，外面更强。黑2应直接在B位粘，补干净弱点让白棋后手挡，今后还有机会跳出，走在白棋前面。

㉗ 白3损失变化，损失劫材。白5价值极低。这两着都是官子阶段才可考虑的棋。

㉘ 黑6以卵击石。这手棋过于靠近白棋强处，极为无理。应走右下D位或在E位守角，远远限制白棋左下厚势的发展及攻击作用的发挥。

㉙ 白7恶手！应在D位附近果断地打入，攻击两边的黑棋。

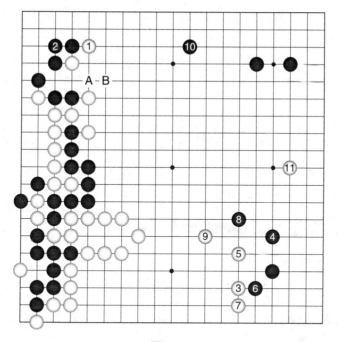

图8-6

● 第5谱：如图8-7，黑1～黑17（总67～83）

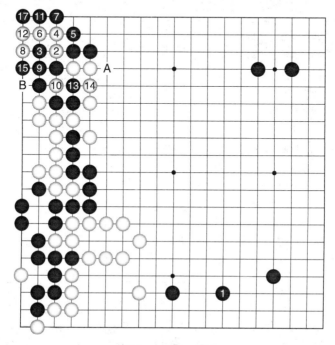

图8-7（⑯=⑩）

㉚ 黑5、黑7都是在替白棋走棋，黑棋左边子虽多，但气很紧，理应将白棋往右边赶。

㉛ 黑9随手，这样黑棋就全死了。黑9应在A位扳，利用几个要死的子发展上边，今后还有在15位做劫的手段。如此可双重利用这些黑子，使损失降至最低。

㉜ 白10应在B位简单渡过，黑棋净死。

㉝ 白14仍应在B位渡过，尚可以吃掉这里的黑棋。黑棋如在14位冲出左边三子，黑棋上边几子必死。实战白棋放走了重要目标，只吃到三个无用废子。

㉞ 白16走之无益。打劫时将少一个有力的劫材。

▶ **第6谱：如图8-8，白1～黑8（总84～91）**

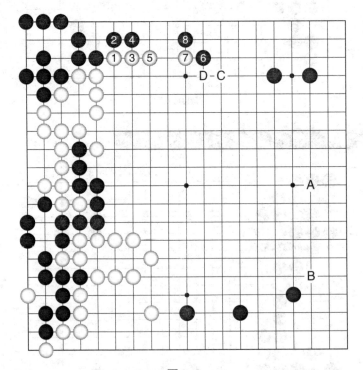

图8-8

㉟ 白1至黑4，下在双方都强的地方，且位置低，空间狭窄，是极小的棋，应走在A位附近大场处。就这四手棋而言，黑棋在二线爬与白棋走在外面相比，黑棋明显吃亏。

㊱ 白5是重视局部之棋。白5长头，是局部要点，只是对全局来说稍缓。

㊲ 黑6是有局部意识之棋。从全局看，如果下在A位、B位可得10分，C位9分，黑6只能得7分。黑6选点，局部意识太重。现在上边不重要，如果要

走上边，C位是有全局意识的选点。这手棋好处是：第一照顾宽广且价值最高的右边，第二直对左上压制白势，第三、第四才是影响中央和上边目数。

㊳ 白7极小，几乎没有目数。

㊴ 黑8占二线低位，太小，这手棋当然应走D位往中央方向进军。

第7谱：如图8-9，白1~白13（总92~104）

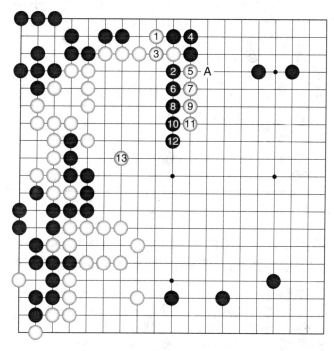

图8-9

㊵ 白1恶手！下在了极低位、极窄、极无发展、极无作用之处。白1当然应走5位扳，压制黑棋，争取中央控制权。白3粘大亏，更衬托出白1的恶手。

㊶ 黑4又是贴着白棋强处、二线低位、面向窄处、无发展的一手。黑4如走5位粘，可立即取得局面优势。

㊷ 白5断，对黑棋整体伤害并不重，应在右边星位附近分投。

㊸ 黑6可考虑A位，一路打吃过来，利用黑棋一子促成白棋厚势围空，同时将右边双方可围的虚地，变成黑空，全局黑棋优势。也可考虑按图8-10进行。

如图8-10，黑1防止白棋将头伸向右边和中央。以下进行至白20，黑棋先手包封，占到右边黑21拆边，如此黑棋高效棋形与白棋三个没有发展的子力团形成鲜明对比。图中白6如走9位争取获得先手，以下黑棋下6位，白棋下19位，黑棋下13位，白棋下10位，黑棋仍可抢先占据21位要点，如此白棋比图8-10结果要稍强一点。

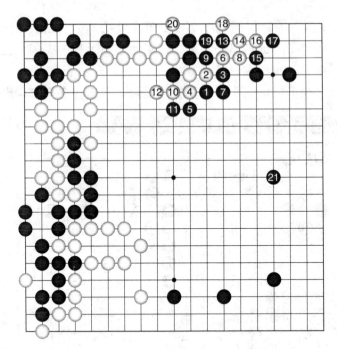

图8-10

㊹ 以下白7至白11都是助黑棋走强之着，而黑8、黑10没有利用白棋气紧的弱点扳头，错失战斗时机。黑8应如图8-11和图8-12扳白棋二子头，通过

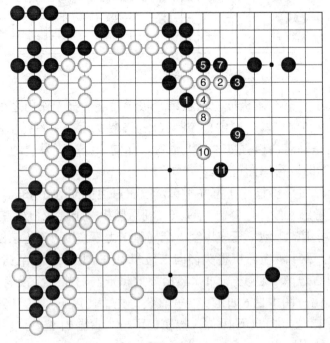

图8-11

弃子来取得右边的控制权。而白9应如图8-13对黑棋发起攻击。

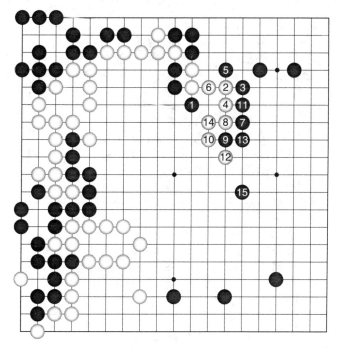

图8-12

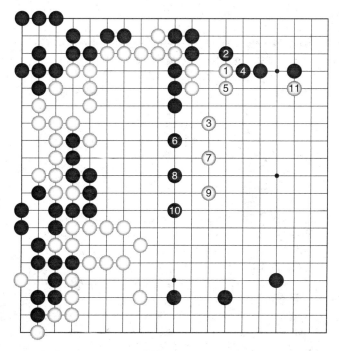

图8-13

> 第8谱：如图8-14，黑1～黑27（总105～131）

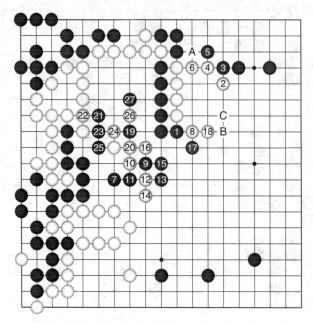

图8-14

㊺ 白2稍欠从容。白2与黑3交换，相当损，这是在为白8的扳做掩护。白2可考虑按图8-15的下法较从容。

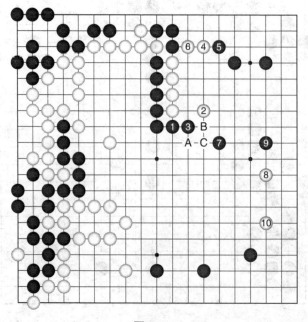

图8-15

如图8-15，白2跳，下一手可在3位虎或在4位打入，清楚简明。其中白2如直接在3位扳，以下黑A、白B、黑C一气推下来，黑棋方向好，棋形相当有气势。白2如走别处，黑棋在B位跳，白棋不好。本图进行至白10，局势黑棋稍好下。过程中白4如走6位扳，黑棋在4位夹，白棋不舒服。

㊻ 白4损失变化，理应保留。下一手黑5挡，白棋在A位扳吃黑棋三子的手段消失。白6接无用，应在18位飞出或在B位大跳快速逃出。

㊼ 黑7错过攻防要点。这手棋于C位攻可一举获胜，白棋如在8位扳，黑棋在18位夹，即使白棋能活棋，右边黑棋也将成起大空，如此白棋必败。

㊽ 黑9单官联络，不好。应在17位扳，白棋在18位退，黑棋再一路压过去，黑棋简明优势。

㊾ 白10切断时机过早，与黑11、15、19、21和白12、16、20都应抢占17位，这是双方的攻防要点。

㊿ 以下22至26，双方均有漏算，黑21刺时，白22应在23位贴，黑棋断不开白棋。现在白棋无故损失中央数子，黑棋大优。

▶ **第9谱：如图8-16，白1～黑32（总132～163）**

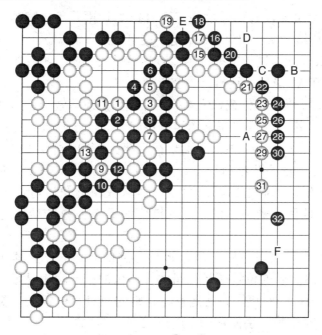

图8-16（④=⑨）

㉕ 白1至白9，白棋出现重大漏算，棋子越死越多；而黑4、6、8均可不应；白11、13与黑12、14的交换损失劫材；黑10、12如粘在13位比实战略好。

㉖ 白15自撞一气，对自己来说危险就增加了很多。这种地方，一定要看

好才能下。白15本手是27位直接进入右边，补强自己，防黑棋在A位攻击，今后可在B位骚扰、侵略黑角。

㊵ 黑16无故丢失棋筋。这手棋当然应挡住，什么棋也没有。

㊶ 黑18是无用之棋，现右下角守角最大。白19过小，应在21位压，威胁20位断点，下一步黑棋在C位粘，白棋在24位飞，转向右边，今后角里D位点方，还有手段。另外，即使要吃三子，也应在E位先扑，黑19提，白棋再打吃，如此可便宜1目棋。

㊷ 黑20缺乏计算。21位无白子，黑棋这里没有断。

㊸ 白21至31的6手棋，围了仅6、7目空，平均每手棋价值仅1目，损失惨重。

㊹ 黑32应在F位小尖守角，现在留下点三·三的余味，不好。

至此白棋与黑棋的差距再次拉开了。目前盘面黑棋目数已领先30目以上。以下双方还进行了一些手数，最终黑中盘胜。

第2局

▶ 第1谱：如图8-17，黑1～黑27

① 黑9跳有可能没有实地收获，而白10右边围一手，脚踏实地，这一虚实交换，白棋心情愉快。黑9一般是走下边星位附近拆边。

② 白10低位守边过于干瘪，黑棋今后再从A位附近拍打拍打，白棋空更小。白棋应下在A、B等处让自己的空丰满一些。

③ 白14正着是走20位或C位单关，保护好角地并做好下一手于27位附近反击黑13一子的准备。假如左下黑棋有很强势力，才应该走白14的大飞，目的是尽量限制左下黑棋势力发展。而现在已存在白12一子，白14不宜再大飞。

④ 黑21走二路还贴着白棋三个强子，不是正常的下法，应走24位扳，扩大眼位巩固角地，逼迫白棋跟着应，争取先手活角，再占上边拆边的大棋。白22顺手挡住是极小的棋，这手棋可考虑走上边27位附近积极地夹攻黑13一子。

⑤ 黑23立大概是考虑如走24位扳粘会碰伤黑13一子。其实不然，黑24位扳粘后，黑13一子的位置还是不错的，白棋的棋形也不是很舒服，更重要的是黑棋左上角已经活棋，如此是双方正常的应对。白24挡，黑角本身已不活。黑25与白26交换一手便宜一点点。

⑥ 黑27只能如此。正常应在左上角D位补活，但现在是双方争夺外部发展空间的阶段，只要白棋不能一手棋吃净这个角，黑棋就不能花费一手棋补活。黑27如在D位补活，上边白棋先走，黑13挂角一子受攻，黑棋局面明显被动。

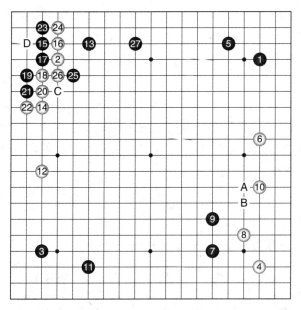

图8-17

第2谱：如图8-18，白1～黑24（总28～51）

⑦ 白1攻角缓手，逼黑2、4扳粘，白棋得到3挡、5虎二手棋，上边黑棋二子受到严重伤害。黑2如直接走6位虎，左上黑棋成大猪嘴。然而白1本身并不能吃净黑角，大至几十手后还要再补一手。这样来算，白1应先占大场，

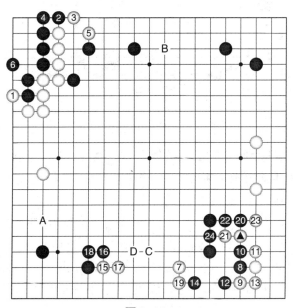

图8-18

再来吃角。黑2、4太损,可考虑晚些时候再活角。黑棋花费一手棋活角,收获了一手棋应有的价值,本身是可以的,但现在的情况是:既花费了一手棋,同时又使黑棋上边严重受损,这样的角活起来就没什么意思了。黑2可考虑左边A位附近拆边的下法。

⑧ 白7强手,通常走上边B位夹攻黑棋二子或走左边A位拆二准备掏黑角。如果从下边选点,走C位打掉黑棋成空潜力是一般下法。现白7攻右下黑棋二子有可能形成对攻,而且谁能拆到下边争取到作战的主动尚不能定。总之白7勇气可嘉,但多少有些疑问。

⑨ 黑8施展靠压战术,目的是断白7一子退路,准备在下边夹攻。白9选点有问题,具体如图8-19。

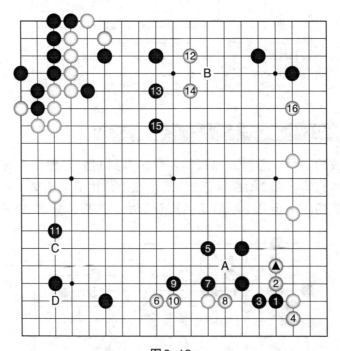

图8-19

如图8-19,黑1靠时,白2顶关键,结果黑1、3二子除了将黑棋自身走重,没得到什么其他好处,而白△一子走强后,黑棋在这个子附近的借用全都没有了,右边黑棋施展手段的余地也少了。黑5以下只能自保,至白16,上边、下边、右边的实惠都被白棋占到,全局黑棋更加不利。其中黑5如夹攻下边白棋,白棋在A位刺后,黑棋太重,作战没有回旋余地,也不好。另外,黑11如走上边B位守边,白棋在C位拆之后,D位抢角与右边16位拆可得其一,局面仍为白优。因此本图中黑1的下法不能赞同。推荐的下法如图8-20。

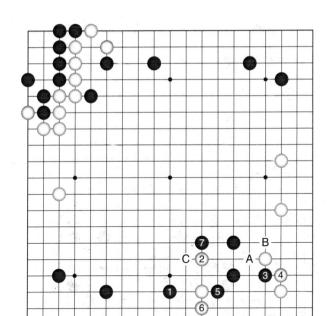

图8-20

如图8-20，黑1夹，先得实惠，白2如果跳出，黑3靠重要，今后治理孤棋有A位或B位的借用，以下黑5尖顶，再在7位压，白棋如在C位退，黑棋在B位再夹，子力活跃，姿态优美，可以一战。其中黑1如走3位先靠，则与白4的交换损失在先，不好，之后黑1夹时，白棋应手可能有变。

⑩ 如图8-18，白9热衷于与黑8一子纠缠，给了黑棋机会。至黑14，黑棋在下面不仅已经有了一些眼位，还得到白△弱子附近的一些借用，白7一子反而成了被攻击的目标，黑棋这里明显便宜了。

⑪ 白15碰是大损之着，不可为。黑16有帮白棋走棋之嫌。本手是走18位单长，白棋下边没有好点可下。实战至19挡，白7一子得到安定，黑棋原本虚弱的左下角变为实地，白棋非常心痛，但总的结果是白棋便宜了。然而，这只是白棋歪打正着了。白15可考虑走D位破坏下边黑阵，下一手可往中央或16位跳，黑棋也不是很好攻白棋。

⑫ 黑20是不错的一手，但就对黑棋自身弱点的帮助与对白棋弱点的利用来说并非最佳。变化如图8-21。

如图8-21，黑1尖冲好一些，白2、4后，黑棋已先手防住了白棋在A位刺的手段，黑5以下边争中腹、边威胁下方白棋。如此，黑棋可挽回一些开局的不利局面。其中白2如在B位刺，黑棋在C位挡，白棋在2位挡，黑棋可在9位攻击下边白棋，中央更厚。另外，白2如走D位或E位，黑棋都走3位，白棋更不好。白4如在B位刺，黑棋在4位断，白棋麻烦更大。

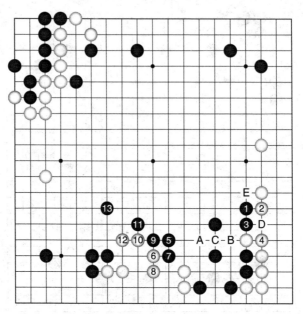

图 8-21

⑬ 黑22重大失误。应按图8-22进行。

如图8-22，黑3接左边是正着，白棋不可在4位、6位冲断，否则黑5挡、7长，白棋将黑棋外面撞得太厚了，并且下一手黑棋在A位的靠白棋也很难应，如此结果白棋大亏。当初黑3接时，白棋只能在B位挡，之后黑棋可在C位或D位反攻下边白棋。

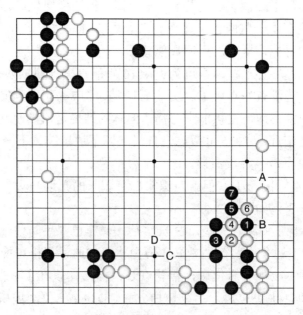

图 8-22

⑭ 白23也可在24位再冲一手，但得失不明。黑24由于黑22的原因，在此落了后手，使得右下一带的战斗黑棋所获甚微。

▶ 第3谱：如图8-23，白1～白29（总52～80）

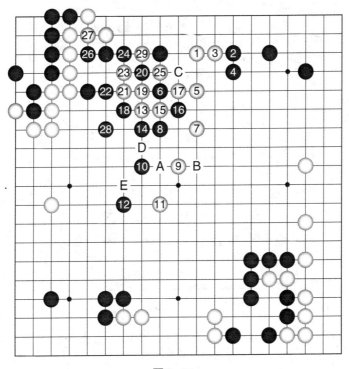

图8-23

⑮ 白1打入，大体上成为互攻，但其走向趋势很有可能朝着三个方向发展：其一，双方按照黑6、白5、黑8、白7、黑A、白B的下法彼此妥协，互不施压，是一种和谐自然的下法；其二，黑棋占17位或C位一带，对白棋积极施压，白棋则多少有些被动；其三，这里让白棋先动手，白棋占到17位或C位，对黑棋呈现一种积极包围态势，则白棋主动、黑棋消极被动。黑棋当然应取第二种下法。

实战黑2采取的策略是：让白棋攻击或逼白棋攻击，黑棋在跑的同时，借机把左上白棋的成空潜力全部破光。看起来虽有一定道理，但进行下去黑棋局面会导致被动，并有可能遭遇危险。分析一下局面，目前上边双方各一块弱棋，下边双方各一块弱棋，谁先动手主动性方面出入很大，且与中央的控制权紧密相关。另外，左边与右边，双方各有一处拆边，左下拆二大些。如此来看，上边黑2拆一不是大棋，建议黑2走17位选择强攻的下法，更为积极一些。

⑯ 白3横顶，与黑4长交换目数与发展空间上都损失很大，由此一来，双方形势接近了不少。白3可考虑图8-24的下法。

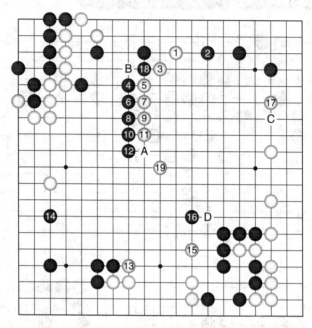

图8-24

如图8-24，白3尖，再在5位攻击，至黑12，白棋在中央有话语权，且争得先手。白15是要点，黑16如走C位，白棋在D位攻，黑棋不好。黑14之前可做黑A与白B的交换。

⑰ 如图8-23，黑6出头缓慢，没有意识到环境的险恶。这手棋可考虑在15位大跳轻快出头，比较适宜。黑8步伐沉重。可考虑在D位大飞，快速出头。

⑱ 白9、11厉害。黑12飞危险。可考虑走E位尖，如此黑棋棋形弹性十足，看情况或活棋或出头，可轻松治孤。

⑲ 白13大损，并且错过良机。白13应在E位跨，黑棋即便不死也会有巨大损失。

⑳ 黑14好棋，白15以下强行冲断明显过分。

㉑ 黑20重大失误，应按图8-25进行。

如图8-25，黑1接，白2只好打吃，以下黑棋滚打包收，至黑11，黑棋已经安定，白棋一无所获，其中白2如走3位反击，黑棋在8位冲，下一手黑棋A位、B位二者必得其一，白棋崩溃。

实战至白29，双方在这里各错过一次机会，白棋继续保持着优势。

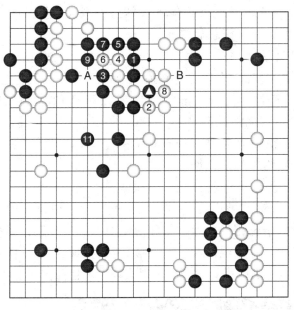

图8-25 (⑩ = ▲)

> 第4谱：如图8-26，黑1～白44（总81～124）

㉒ 黑1缓手，形势好的时候为了把棋下厚可以这样下，然而在形势不利的情况下，应在13位拆，拼命抢空或在29位附近攻击下边白棋。

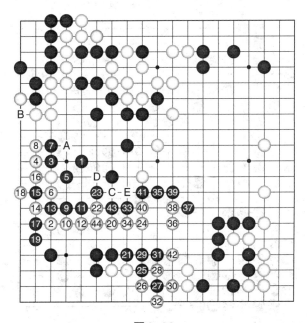

图8-26

㉓ 黑7暂时不走为好。今后有黑8、白7、黑A的打劫手段。虽然白棋在B位接是先手，但这里白棋总显单薄。

㉔ 黑9不是必然之着。目前白棋下边、中央都有弱点，右边拆二价值相当高，可走29位一带先攻下边，再看情况选择冲击中央还是抢占右边。

㉕ 白10、12冲出，无事生非，白10或12可从13、17、19三个点中任选其一。黑13冲断，局面混乱起来了。

㉖ 白24一手棋没有补净。应在C位挤，黑棋在D位粘，白棋在E位长，可一手棋连通，不给下边白棋增加负担。

㉗ 黑27可考虑走28位或31位，白棋眼位稍差一些。

㉘ 黑35、37又错过了机会。应在42位长一手，白棋下边如不走，将成打劫活，中间一串棋子也相当危险，如此白棋上下不能兼顾，黑棋很可能由此一举扭转落后的局面。实战至白44，左下被分断的白棋终于连滚带爬地与下边白棋取得了联络，但中央白棋势力变成了黑棋势力，目前白棋的优势已所剩无几。

▶ **第5谱：如图8-27，黑1～黑45（总125～169）**

㉙ 黑1目数上不如右边A位拆二大，但与厚薄相关，且与B位打劫的轻重也有关系，综合起来实际价值与右边拆二也差不多大。边上拆二是双方能成空的地方，按出入计算，目数往往达到接近20目的价值。目前还有一处大官子能与以上两点相匹敌，就是黑棋左下角43位立和白棋22位点入，这是超过10目的先手官子，按价值在三处大官子中排在首位。

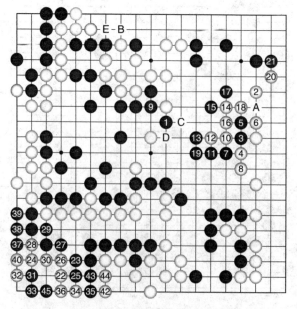

图8-27（㊶=㊳）

因此，黑1正确的官子顺序是先走左下角，见图8-28。

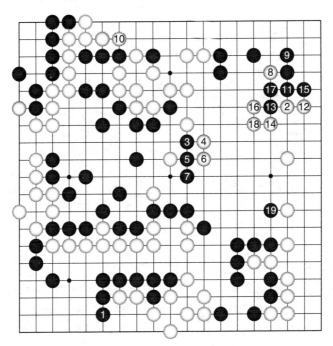

图8-28

如图8-28，黑1立最大。白2与黑3各得其一。白4如在5位逃出，上边10位的官子很可能走不到，况且白4扳后，中央还有一点目数。白10、黑11两处大官子各得其一，12位、13位与14位、15位均是各得其一的官子。至黑19，黑棋盘面稍好，但贴目明显困难。

㉚ 白2也应马上走左下22位点入。之后双方有多个机会都应抢先占据左下角官子。白2即使在右边拆二，也应在C位扳与黑D先交换一手。

㉛ 黑15得到一个绝好机会，趁中央白棋没什么好棋下，黑棋应马上走43位立。如此黑棋还有胜机。

㉜ 黑23失误。正确应对只能走26位尖，白棋在25位长，黑棋挡角，白棋在43位联络，黑棋角上还有棋，如此白棋小胜局面将确定。

㉝ 白24好手，之后无论黑棋走25位还是28位，白棋占到30位挡都可以活棋。黑25应走30位冲，将成图8-29。

如图8-29，黑4冲，白5挡，以下至白15，角上成盘角曲四，由于黑棋外气很多，白棋危险。

㉞ 黑25明显不行。白26败着，应在30位挡，可以在角上出棋。

至黑45，角上成为对杀，白棋差一气被杀。但黑棋盘面仍贴不出目，此时只要白棋走E位挡，即可确保胜利。然而在此后的官子中，白棋又出现重大失误,最终黑棋中盘胜。

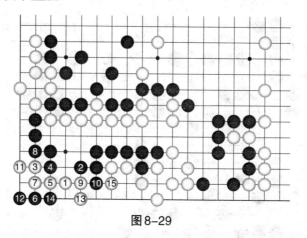

图8-29

第3局

一局细棋,并不见得是一局风平浪静的和平棋,也许经过了大起大落的局势动荡,本局就是这样一局棋。本局有几个要点:不能做对自己作用小、对对方益处大的交换;治理孤棋时不宜表现得过于懦弱,宜用对方棋形的弱点,采用腾挪战术或设法给对方留下一些弱点,从而减少损失;处理局部要考虑大局;官子往往决定成败。

▶ **第1谱:如图8-30,黑1~白30**

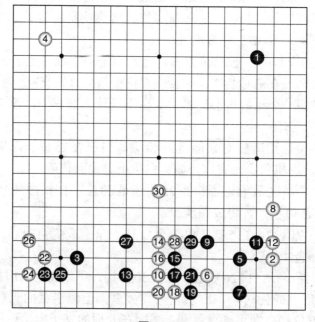

图8-30

① 黑1、3占高位很有气势，白2、4占低位十分沉稳。白8依然低位运行，扎实地获取着实地。

② 黑9没有将白6一子逼向困境，反而让白6一子日子越过越好。黑9显然是在加强黑5、7二子，有惧怕白棋而主动避战的意思，而这手棋与白10拆边交换，从目数上、眼位上都是白棋便宜。另外白6一子本身就比黑5、7弱，黑9应在17位一带夹攻白6一子，将白棋孤子赶向中央，黑棋不坏。

③ 白10顺势拆二，下边二子已成初步治理之形。由于从黑9感知到黑棋有惧战情绪，白棋心情更好了。

④ 黑11与白12交换，继续强化此时并不弱的黑棋，没有必要。而这一交换强化了白2一子，使白2一子周围的手段全部消失，白棋这里又收获不小。黑11即使要下，也应考虑按图8-31的下法。

如图8-31，黑1、3靠退，不管下一手白4如何补断，白▲二子周围都有一些利用。比较一下，实战白棋三子棋形明显更整齐牢固，而黑棋方面也是本图要更强、更好一些。

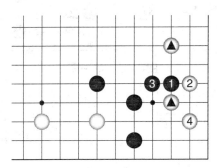

图8-31

⑤ 黑15对左下黑棋有负面作用，可暂时不走，考虑直接走左下22位守角。

⑥ 黑17贴在白棋强子身上，动用蛮力，很容易伤到自身。应单走19位，棋形灵动，伤白6一子重，自己安全。

⑦ 白18二路扳走在低位，没有多大收获，且大大伤害了白6一子。可考虑走28位曲，走畅中央，价值更高，对黑棋二子威胁更大，也使得白6一子能有更多利用。

⑧ 白22挂角，左下一带双方力量对比黑棋处于下风，黑23以下不得不再次处于守势。如从外部进行反攻，有力不从心、过于勉强的感觉。

至白30，下边两处黑棋均处于守势，今后已难以发展，而白棋左下、右下均可向边上发展，下边的一块棋由于有白30的头，也掌握着一定的中央控制权。全局白棋简明易下，形势已然领先。

● 第2谱：如图8-32，黑1～白28（总31～58）

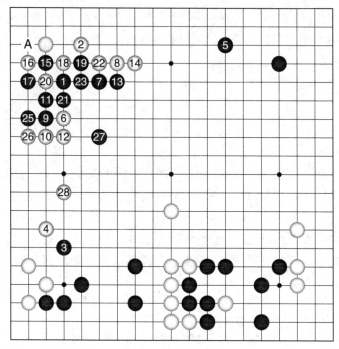

图8-32（㉔=⑮）

⑨ 黑1挂角方向有疑问。上边比左边更宽阔一些，从19位方向挂角稍好。白2沉着，但走19位更紧凑一些。

⑩ 黑3与白4交换强化了左下角白棋，实地上白棋也明显便宜，同时与黑1挂角发展左边的用意相矛盾，是轻易不能下的一着棋。黑3可考虑按图8-33进行。

如图8-33，黑1尖顶与白2交换一手，再在3位拆，控制左边，今后走A位、B位可欺负左下角白棋，走C位飞可欺负左上角白棋，同时扩大中央。其中黑1如直接走A位攻白棋左下角，由于这一带总体上白棋子力并不弱，黑棋有些勉强。

⑪ 黑5守角很大，但并不急。最急的地方还是走左边拆，照顾黑1一子。

⑫ 白6攻击严厉，白棋完全掌握了全局的主动。黑7以下至白14，每一交换都至少损5目以上，亏死了。黑7可考虑按图8-34的下法，运用腾挪战术，减少亏损。

如图8-34，黑1尖顶，便宜一下，再在3位尖，做好征子的准备，然后在5位、7位托断进行腾挪，如此有望避免被攻而遭受较大损失。

其中白2如走A位尖，防黑棋在5位托断，将成图8-35。

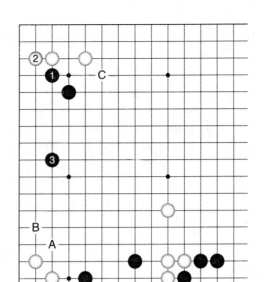

图8-33

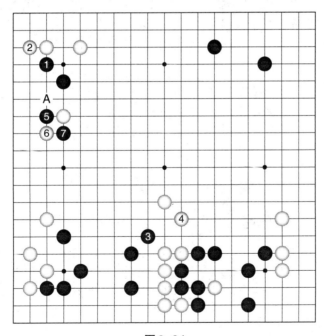

图8-34

如图8-35，白1尖攻，也是厉害的一手。黑2扳，再按战斗中压强不压弱的棋理走4位压，白棋不好应，如白5扳，黑6退，之后白棋有被黑棋在A位断、B位逼的担心。总之，如此一来，黑棋就盯上了白棋的弱点，行棋就有了步调。本图中白3如走C位接，黑棋在D位尖，护住眼位是要点。

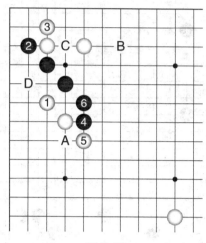

图8-35

⑬ 如图8-32，实战黑9仍可考虑按图8-34的下法进行腾挪。而黑11完全将左边白棋走强了。应在12位断，寻求转身。

⑭ 黑13给人一种忍辱负重的感觉，白14顺势长后，白棋上边一点弱点都没有了。黑13可考虑图8-36的下法。

如图8-36，黑1尖，白2立不让黑棋做活，黑3跳，往宽处走。今后一旦走到9位，就能产生在A位跨的手段。其中白4如走B位刺，黑棋可在C位冲，与白棋A位挡交换一手，再在D位接，也可直接走D位接。总之，在逃跑过程中要给对方留一点毛病才好，别把对方撞得太强了。

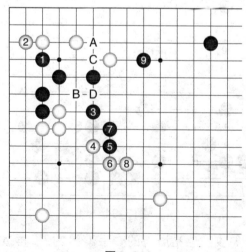

图8-36

⑮ 如图8-32，白16是重大失着。本手应在A位立下。黑17应抓住机会，

利用白棋形上的缺陷于A位断，可形成图8-37。

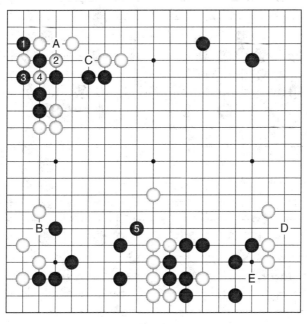

图8-37

如图8-37，黑1断，下一手有黑3做劫和在A位打两个重伤白棋的手段，白2通常只能打吃，以下成劫，由于黑棋有5位尖及B、C、D等多处劫材，白棋只有E处一个劫材，劫争黑棋有利。而一旦黑棋劫胜，左上角一带黑棋与白棋攻守易位，白棋的优势局面也将大大后退。

⑯ 如图8-32，白18执迷不悟，是一步险棋，应在A位粘牢。黑19当然应在A位断，奋起抗争。

⑰ 黑21过于老实，应当打赢这个劫再往外跑。

⑱ 黑25价值极低。至白28，左上一带黑棋颗粒无收，而白棋左边与左上角收获了近30目实地，白棋胜局已定。

第3谱：如图8-38，黑1～黑19（总59～77）

⑲ 黑1守角是全局实地价值最大的地方，下一手双方12位与2位两处各得其一。由于全局较厚，白2抢占了较宽的右边，很有气势。

⑳ 黑3夹攻，选点意图不明确。目前局面下，12位上边拆一是全局最后大场。如果要走右边，可考虑走9位尖冲，右边白棋本不是成空的地方，再压一压就可以了。这样还可以在一定程度上对下边白棋施加一些压力，对左上黑棋也有一定的声援，白棋不好应。另外，如果非要打入右边也应走A位或B位，对两边的白棋施加更大的压力。

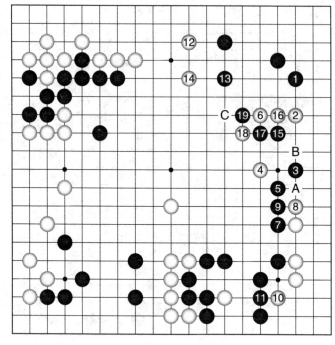

图8-38

㉑ 白4过分，一般应在6位或17位附近出头。黑5尖，临阵逃跑。当然应走15位方向，集中兵力围攻白2一子。

㉒ 黑15、17再次动用蛮力，与下边攻击拆二时用的手段一样，难有收获。自然一些的下法是在C位跳出头，继续等待机会。

㉓ 黑19断，与白棋一决雌雄。但黑棋即使在这里把白棋三子吃掉，白棋外围多几个子后，左上黑棋会变得异常危险，从全局看也不会便宜。

> **第4谱**：如图8-39，白1～黑24（总78～101）

㉔ 右上一带比较复杂，变化本身就多，还要考虑左边黑棋的死活。白1以下往外冲与左边黑棋关系很大，是很有必要的不错的下法。

㉕ 白5以下至黑10的交换没有必然性，直接走11位断打就可以了。如果非要走，单走9位飞好一些，黑棋比较难应。

㉖ 黑6可直接走14位吃掉白棋二子棋筋，黑棋收获不小，可以满意。

㉗ 黑22正着是在A位补活左边。因为一旦白棋在B位打、黑棋在C位长、白棋在D位提成为先手，白棋走到E位破眼，左边黑棋相当危险。

㉘ 白23提一子，与D位提一子相比，对左边黑棋影响小得多，而且本身给黑棋留下了F位的渡过，目数所得极小，是本局关键处的重大失误。如何能在上边有所得且能先手走到D位的提呢？如图8-40。

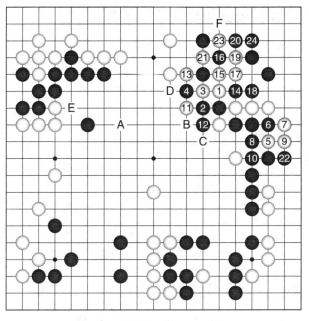

图 8-39

如图 8-40，白 1 断、3 长是好手，之后白 5 打、7 提成为先手，留下了在 A 位打的便宜后，再在 9 位破眼发动总攻，至白 13，是白棋大胜的局面。其中黑 10 如走 B 位挡，白棋可在 C 位攻；又如黑 12 走 B 位挡，白棋可在 D 位贴。本图与实战相比要好近一手棋。

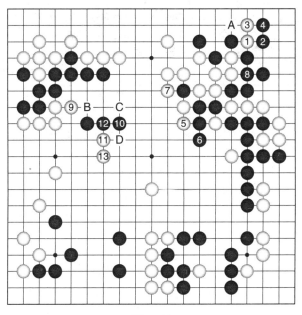

图 8-40

▶ 第5谱：如图8-41，白1～白37（总102～138）

㉙ 黑10拼劲十足，本手应在29位补活。

㉚ 黑12不是先手，仍应在29位补活。

㉛ 白13老实，应走19位分断，准备大吃黑棋，或在29位先破眼，左上黑棋将九死一生。

㉜ 黑14危险，走29位先做一眼要安全得多。

㉝ 白23走A位跳可杀黑棋。

㉞ 白27至33均为无用之着，黑棋已连好，是活棋，白白将28位、30位、34位三处大官子拱手让给黑棋。至此，双方形势已基本持平。

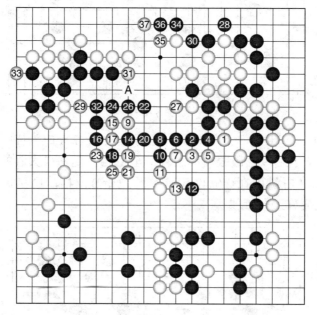

图8-41

本局在最后官子阶段黑棋又有失误，最终白棋以$1\frac{1}{4}$子获胜。